主办单位：中国传媒大学政府与公共事务学院
中国传媒大学政治传播研究所

中国政治传播研究

Studies of Chinese Political Communication

2024年第2辑（总第8辑）

荆学民◎主　编
白文刚　苏　颖◎副主编

中国国际广播出版社

图书在版编目（CIP）数据

中国政治传播研究. 2024年. 第2辑 / 荆学民主编.
北京：中国国际广播出版社，2024.12. --ISBN 978-7-
5078-5731-3

Ⅰ.D60-53

中国国家版本馆CIP数据核字第2024PW2069号

中国政治传播研究·2024年第2辑（总第8辑）

主　　编	荆学民
副主编	白文刚　苏　颖
责任编辑	张晓梅
校　　对	张　娜
版式设计	邢秀娟
封面设计	赵冰波

出版发行	中国国际广播出版社有限公司［010-89508207（传真）］
社　　址	北京市丰台区榴乡路88号石榴中心1号楼2001
	邮编：100079
印　　刷	北京启航东方印刷有限公司

开　　本	787×1092　1/16
字　　数	210千字
印　　张	12.25
版　　次	2024 年 12 月 北京第一版
印　　次	2024 年 12 月 第一次印刷
定　　价	65.00 元

卷首语

人类社会秩序赖以存续几千年的"政治"还能给这个时代以"确定性"吗？

◇荆学民

《中国政治传播研究》（辑刊）已经出版到第 8 辑了。

当我坐在电脑前写这个"卷首语"的时候，总是无法聚神于这一辑都有哪些内容，又应该写些什么，整个大脑成为一个充满着"不确定性"细胞的空间。想来这也不奇怪，我是一个老派的、老旧的、保守的马克思主义唯物主义者，信奉"存在决定意识"，因为这个时代比历史任何时候都处于政治学所谓的"极度不稳定性"状态。

我理解的"政治"，就是通过建构一种公认的"秩序"给社会、给国家一个确定性。古往今来莫不如此。所谓政治学，就是思考、抽象、总结出一套如何搞好政治的普遍适用的、确定性的、可代代叠加传播的知识体系。

我理解的政治传播，就是把政治学家头脑中的这些所谓的知识体系"挖出来"，通过"革命式"进步和"病毒式"扩散的传播方式应用在现实的人类社会生活之中。

但是，政治和政治传播若离开现实的人，就都成为空中楼阁和"扯淡谝闲"了。也就是说，政治和政治传播都依赖和取决于现实中的政治家。

残酷的是，现实中的政治家更多是"政治玩家"。在特定的"政治玩家"面前，之前一切的政治学理论和政治传播理论随时都可能"归零"。

更为可怕的 AI 时代到来，可能让人来操作的、为人服务的"政治传播"永远休眠在历史的梦中。

　　停止"散漫式议论"，回归本辑内容。本辑主打一个关键词：数字化时代的政治传播。参加"第六届中国政治传播研究学术论坛"的八位学术大咖发表了各自的高见，编辑出来供大家享用；除此之外，一批青年才俊围绕着"政治传播"多角度地发表其研究成果。综观这一辑的内容，一个突出的特点是：充满学术锐力。

　　一期期刊，这就足够了！

写于北京望京樾寓所

2025 年 2 月 26 日

目 录

专题笔谈：数字化时代的政治传播

媒介与国家治理研究

国际政治传播研究

网络政治传播研究

专题编译

学界资讯

专题笔谈：数字化时代的政治传播

编者按：在 21 世纪全球科技革命与产业变革的浪潮中，数字技术作为核心驱动力，全面渗透并重塑经济社会发展的各个领域，其影响深远地触及生产方式、生活方式乃至社会治理模式的根本性变革。随着数据采集、存储、分析及应用关键技术的持续突破，全球数字化进程显著加速，不仅深刻改变着国家治理的理念架构、规则体系与运作方式，而且对政治传播的功能定位提出了前所未有的新要求。政治传播作为连接政治系统与公众的关键纽带，其在数字化时代对于构建社会共识、维系国家治理体系稳定性的作用越发凸显。因此，如何使政治传播学科有效回应这一时代变革，成为理论界亟须解决的重大课题。2024 年 5 月 11 日，由中国传媒大学和深圳大学主办，中国传媒大学政治传播研究所、中国传媒大学政府与公共事务学院、深圳大学政府管理学院、深圳大学传播学院联合承办的第六届中国政治传播研究学术论坛在深圳大学举行。本次会议以"数字化时代的政治传播"为主题，汇聚国内外学者智慧，深入探索政治传播理论创新、国家治理现代化路径、国际政治传播实践经验、媒体智能化与数字治理等前沿议题。本刊特精选论坛中主旨发言的精髓与亮点，编纂成两组专题笔谈，即《数字化时代的政治传播变革与国家治理现代化》与《数字化时代国际政治传播面临的挑战与应对策略》，旨在为数字化时代的政治传播研究与实践领域贡献新的洞见与启迪，共同推动该领域理论与实践的创新发展。

数字化时代的政治传播变革
与国家治理现代化

◇佟德志　朱春阳　郭小安　马得勇

摘　要：数字化时代背景下政治传播领域出现重大变革，对国家治理现代化进程产生深远影响。佟德志教授探讨了数字民主的主动民意收集及其限度，呈现了数字技术与民主实践之间的边界问题；朱春阳教授将目光投向媒体生态的深刻变迁，聚焦新型主流媒体在国家治理中的角色与功能；郭小安教授呈现舆论场的理性与非理性交织，为构建一个开放、包容且理性的政治讨论环境提供理论支撑；马得勇教授通过心理学路径深化了对政治传播的理解。在数字化时代，政治传播助力国家治理现代化，推动政治生态的多元化、即时化与互动化发展，提升政府决策的透明度与科学性。

关键词：数字化时代；政治传播变革；国家治理现代化；新型主流媒体；全媒体传播体系；民主进程；舆论理性

数字民主的主动民意收集及其限度

◇佟德志

我们正步入一个前所未有的数字时代，这一时代为各学科领域，尤其是政治学，带来了前所未有的挑战与机遇。互联网、大数据、人工智能等技术的迅猛发展，不仅深刻地改变了信息传播的方式，而且对民主制度及其核心——民意的收集与表达，产生了深远的影响。在此背景下，探讨民意收集的现状、优势及存在的问题，成为政治学与传播学不可忽视的重要课题。无论是在中国还是在西方，民意都被视为政治合法性的重要基础。"天视自我民视，天听自我民听"，这一中国传统文化的精髓强调了民意在国家治理中的核心地位。托克维尔在审视美国民主时，更加突出了民意的重要性。从"敬畏民意"的理念出发，我们不难发现，民意在推动民主治理与政治改革中发挥着不可替代的作用。

回顾历史，民意的收集方式经历了从传统到现代的深刻变革。在传统社会，皇帝通过微服私访、设立秘密机构、听取大臣上奏等方式，试图了解民情民意。这些方式虽有其局限性，但在信息匮乏的时代背景下，仍不失为一种有效的民意收集手段。在传统社会中，信息依赖信息的不对称性，在这种情况下，领导者的权威地位与优势也就体现了出来。随着社会的进步和民主进程的发展，民意的收集方式逐渐走向多元化与民主化。现代社会中，调查问卷、统计分析等科学方法的应用使民意收集更加系统化、规范化。而数字时代的到来，更是将民意收集推向了更加专业化的程度。大数据与人工智能技术的引入，使民意的收集不再局限于被动等待，而是能够主动、实时地进行。这种变化不仅极大地提高了民意收集的效率与准确性，也为政策制定提供了更加全面、深入的数据支持。洛克菲勒基金会的 100RC 项目，为我们提供了一个全面了解现代民意收集工具与方法的窗口。这个项目提供的全方位调查工具，包括线上线下问卷、网络问卷、深度访谈及实地调研等，构建了一个立体化的民意收集网络。在此基础上，借助定量、定性及混合模型等统计分析工具，对海量数据进行深度挖掘与精细分析，形成了对舆情态势的精准研判。这一过程充分展示了现代民意研究在方法论上的严谨性与科学性。我们最近对拜登与特朗普两位候选人的政策影响力进行了分析，通过整合政策内容与调研数据，深入探讨了民众立场与政府政策之间的相关性。研究结果显示，从民意属性与模型一致性的角度审视，民主党更加占据优势。亦即，从民意属性角度看，美国人更喜欢拜登式文化，反映出美国民众对其文化价值观的认同。与调研数据相结合，我们发现民意与政治之间具备相关性。也就是说，政治是一个民意收集且根据民意调整政策的过程。数字民主的应用场景和重心在民意与传播两个方面。

然而，我们也应认识到，数字时代的民意收集并非完美无缺。技术的局限性、算法偏见、信息过滤与筛选机制的不完善等问题，都可能对民意收集的真实性与准确性造成影响。比如在 2016 年特朗普和希拉里的竞选中，就曾出现民意收集上的偏差。大数据与人工智能的应用虽极大地提升了信息处理的能力，但其内在逻辑、预设标准乃至操作人员的态度与技能，均成为信息收集与解读偏差的原因。这些偏差不仅直接影响决策的质量，还可能因政府引导方式不当，如精准度缺失或掺杂私利，导致公众舆论与实际需求之间产生显著偏离。这进一步凸显了大数据与人工智能在民意收集领域的局限性，提醒我们需审慎评估其效能边界。因此，在享受数字时代效率的同时，我们也需要不断完善相关机制与制度，处理与判断民意收集过程中存在的偏差问题，以确保民意收集的公正性、客观性与全面性。

综上所述，数字民主的发展，尤其是其对传统民主模式的深刻影响，其核心驱动力在于对数据和对数据的处理。从"大数据政治学"到"信息政治学"或"数据政治学"的演变，它们虽名称各异，实则均强调了信息在现代民主进程中的重要地位。互联网、大数据、人工智能技术的蓬勃发展，不仅引发了信息量的爆炸式增长，而且对民主实践、民意汇聚产生了深远影响，迫使我们主动适应这一变革趋势。这一现实亦伴随着诸多挑战，利益纠葛、理性缺失、信息不对称及情感因素等，均可能引入偏差，影响民主决策的科学性与民主性。尽管如此，我们亦应看到数字民主所带来的积极面，如社交媒体拓宽了政治参与渠道，增强了政府透明度与责任感，促进了公共协商的深化，深化了阳光政府理念的实践等，这些均为政治传播与现代民主建设注入了新的活力并增加了新的可能。

（作者佟德志系天津师范大学副校长、教授）

国家治理现代化进程中的新型主流媒体建设

◇朱春阳

国家治理现代化进程已经基本实现了"四个现代化"，正在迈进"第五个现代化"，即国家治理体系和治理能力现代化，这是中国式现代化的内在的机制和动力。此目标之重要性，不仅体现在《中国共产党章程（修正案）》明确指出的 2035 年远景规划之中，而且在党的二十大等重要会议中被进一步重申，彰显了其战略高度与深远意义。国家治理现代化的提出，可追溯至党的十八届三中全会，这一转变标志着我国从传统的"管理"理念向现代"治理"理念的深刻转变。治理，相较于管理，更强调多元利益主体的协商、沟通与共识。基于广泛共识的社会问题解决方案方为行之有效之道。共识的达成，正是国家治理现代化进程中的核心驱动力。在这一宏观背景下，新型主流媒体的建设议题显得尤为关键且富有时代意义。

新型主流媒体之兴起，是对传统主流媒体概念的一次重要迭代。概念是成对出现的，没有单独存在的概念。一个新的概念出现，必然对应着一个旧的概念，意味着旧概念不能回应问题，所以需要生产出一个新概念去回应这一问题。"新型主流媒体"这个新概念对应的就是"传统主流媒体"这个旧概念。

传统主流媒体的形成可追溯至 1949 年党报体系建立后，党对新闻业进行的全面改造，实现媒体全面国有化。毛泽东同志强调的"政治家办报"原则，对新闻宣传产生了深远影响。

然而，随着互联网技术的迅猛发展与普及，我们进入了"人人都有麦克风"时代。"三闻"策略在这个过程中受到很大冲击，但最受影响的是"不闻"策略，因为"不闻"策略依赖对信息的控制。以往，通过控制消息或保持沉默，管理者或许能暂时掩盖负面事件，但在信息高度透明的今天，任何突发事件都可能被现场民众即时拍摄并广泛传播，使信息封锁变得几乎不可能。一个负面消息发生了，全世界几乎立刻就能知道。无论是在本地还是在外地，传统媒体与新媒体均能快速介入，使得全球范围内的公众几乎同步获知真相。此时，若官方仍采取回避态度，不仅无法有效管理舆情，反而可能加剧信任危机。因此，在当前的媒介环境下，我们对"政治家办报"的理解，应超越简单的宣传工具论，与时俱进，积极响应习近平总书记提出的"全媒体传播体系"建设要求，即构建"全程媒体、全息媒体、全员媒体、全效媒体"的媒体格局。① 从传统的"三闻"转向新时代的"四全"，我们可以发现一种根本性变革：从对信息的选择性呈现转变为对信息的全方位、立体化呈现。这是一个历史过程，我们需要接纳并期待这一原则成为整个新闻业共同遵守的原则。

我们今天面临的行业是数字新闻业。与传统新闻业相比，数字新闻业最大的区别在于：它不再以媒体为中心，而是以多元的行动和网络作为行业实践的主体。主流媒体只是这些行动和网络中相对重要的节点之一，远非全部。因此，即使某个节点被阻断，信息仍然能通过其他节点间的新联系形成新的传播网络。

当前，主流媒体的建设应关注以下两个关键点：第一，要具备参与多节点议程讨论的能力，并对这些议程做出有效回应，而非置身事外。第二，作为行动者网络中的重要节点，其议程和内容生产讨论应具有开放性。通过机构媒体与网络中各节点的双向互动，才能真正实现媒体融合，促进对话与交流。在这个过程中，媒体将形成权威性和引导力，从而巩固其主流地位。总之，当前媒体的主流地位并非自然形成，而是在与网络节点的双向互动中成为引领者，使"主流"实至名归。

（作者朱春阳系复旦大学新闻学院教授）

---

① 习近平.加快推动媒体融合发展　构建全媒体传播格局［J］.求是，2019（6）：1-2.

舆论理性在不同维度的综合考察

◇郭小安

　　在何种维度与层面上，我们能够观察到舆论中的理性？当前，诸多学术探讨聚焦于网络舆情的非理性面向及其治理策略，然而，当我们深入舆论学的核心，不难发现舆论本身就蕴含情感倾向的复杂构成。那么，为何我们总倾向于要求舆论具备理性？这里的"理性"，究竟是指政治理性、经济理性、工具理性、价值理性，还是哈贝马斯所倡导的交往理性？采用不同视角进行审视，往往导致截然相反的结论。这显示出新闻传播学正经历着一场重大的学术转向——从事实维度转向情感维度，从内容维度转向关系维度。这一转变不仅映照出"后真相时代"的鲜明特征，即公众注意力从对事实真相的追求转向道德评判与情感共鸣的迅速站队。在此背景下，网络舆论常被简化为情绪化、民粹化、戏剧化乃至泛道德化、泛政治化的代名词，从而被轻易贴上"非理性"标签。然而，为了更全面、深刻地理解舆论的理性内涵，我们必须从多个维度进行综合考察。

　　一是政治理性。这一概念虽在互联网语境中鲜少被直接探讨，但其作为政治哲学的重要基石，其抽象性与深远影响不容忽视。从古希腊先哲提出的"认识你自己""人是测量万物的尺度"到柏拉图设计的"理想国"，再到亚里士多德关于"人是天生的政治动物"的论断等，均是人类对政治理性的思考。古希腊的理性传统曾一度中断。在中世纪，一切科学、政治学都是神学的奴仆。但是，古希腊的理性传统在16世纪文艺复兴中得以复兴。康德曾言，启蒙是运用勇气、运用理智的。以上思想为现代政治理性奠定了思想基础。现代化不是简单的"楼上楼下，电灯电话"，它的核心标准是文化的世俗化，以及政治参与扩大、政治结构的功能分化。总之，我们可以把政治理性定义为根据一定逻辑规则、逻辑程序运作的认知形式和认知能力。

二是经济理性。经济理性与政治理性相辅相成，共同构成了现代社会运行的双轮驱动。政治理性主张通过社会契约建立一个最小政府，认为"管得最少的政府就是最好的政府"。那么，社会资源应该交给谁来调配呢？答案是亚当·斯密倡导的经济理性。经济理性的假设是：其一，人是自私的；其二，人会追求利益的最大化；其三，我们做任何行动的时候都会遵循成本收益的计算。经济理性奉行的原则是利己会导致利他，每个人为自己着想，但是最终会促进国民财富的增长。曼德维尔的《蜜蜂的寓言》便是这一理念的生动诠释：个体看似自私的行为，实则编织成了一张促进社会福祉的复杂网络。经济学将其解释为"正面的外部效应"。经济理性的强势地位，不仅塑造了政治学研究范式的变迁轨迹，而且与行为主义政治学的兴起形成了紧密的共鸣。在这一背景下，公共选择学派应运而生，它运用成本收益分析框架分析人的投票行为的内在逻辑，为理解公众政治选择提供了新颖的视角。卡普兰在其著作中提出的"理性的胡闹"与"聚合的奇迹"等概念，深刻揭示了理性在复杂社会现象中的多样表现与潜在张力。

工具理性的兴起则进一步拓宽了理性的应用范围。马克斯·韦伯强调合法性来源，一切可以量化、规范与精确化。这深刻影响了行政管理领域，使之被理性精神占领。理性被完全扩散了：在企业管理领域，"科学管理之父"认为我们要摒弃偏见，强调科学管理。政治现代化的标准之一是制度理性化，包括工业化时代的标准化、专业化、同步化。司法领域认为，"法律是没有感情的智慧"。在社会集体性中，利益是促进集体行动的主要砝码与驱动力。理性如同一张无形的网，覆盖了社会的每一个角落。然而，随着理性的全面扩张，一系列问题也随之浮现。后现代学派对这一现象进行反思，认为科学本身已成为一种新的意识形态，理性的过度应用会导致人文价值式微、价值理性式微。法兰克福学派的霍克海默、阿多诺等尖锐指出，现代社会的剥削形式已悄然转变，从传统的工厂、办公室延伸到了生活的每一个角落，通过广告、情感操控等手段无孔不入地影响着人们的思想与行为。

在这种背景下，哈贝马斯提出，晚期资本主义社会的冲突根源在于交往行为的不合理，表现为人与人之间的信任缺失与理解障碍。不同于一般批判学派仅停留于批判而不建构，哈贝马斯尝试构建一个理性的公共领域，强调平等、自由与开放的重要性，以期重建人与人之间的沟通与信任。然而，即便是哈贝马斯的构想，也未能完全摆脱理性的局限，其理论在排除情感因素上的偏颇后，也引发了后续学者的质疑与讨论。在舆论事件的语境中，情感抗争与理性抗争的关系尤为复杂。鉴于理性表达渠道的有限性，抗争者往往不得不借助情感动员的力量，以实现其"理性的目的"。这种既互为因果又相互矛盾的动态关系，深刻揭示了舆论场中理性与情感的交织与博弈。

　　总之，在探讨舆论的理性与非理性时，我们需警惕两大误区：一是理性的越界，即用单一理性标准去衡量或替代不同交往共同体的理性标准；二是理性与现实的脱节，即忽视了理性在不同情境下的具体表现与适用性。因此，我们应深入挖掘理性的多维度内涵，关注理性与情感之间的关系，以及网络表达中的隐藏文本，实现理论的本土化增殖，从而更好地解释中国现象、解决中国问题。

（作者郭小安系重庆大学新闻学院院长、教授）

政治传播研究的心理学路径：基于网民社会意识调查数据

◇马得勇

政治传播研究涉及政治信息的制作、传播、接收与接受过程。而心理学是其中重要的理论路径之一。当前的政治研究一般从比较宏观的、结构的或者制度的角度解释人的政治行为、态度、观点。然而，这种宏观的、结构化的或制度化的研究范式，往往难以充分解释在相同制度、环境及媒介体制下个体间政治态度的差异，而这正是心理学路径的优势。从心理学的角度可以看到人在处理信息时存在各种缺陷，这些缺陷会导致其在处理信息的时候无法完全准确和客观。此外，心理学发现了人在政治领域是如何不理性的。经济学强调理性经济人假设，但是在政治领域，大部分人是不理性的，或者不是一个完全理性的人。不理性受多种因素的影响。

从接收信息到表达行为、立场、态度和观点，人的认知系统经历了复杂的处理与加工过程。这个加工过程并非肉眼可见，但可以通过适当的方法得以验证。心理学构建了很多理论来解释人对信息的加工过程。信息加工系统主要涉及两个系统：斯宾诺莎模式和笛卡儿模式（或者系统 1 和系统 2，见图 1）。其中，前者更多依赖直觉、情感和启发式处理，而后者则强调理性思考与深思熟虑。前者效率快，但是容易出错；后者效率低，但是准确度比较高。处理的结果为，对信息的认知有准确的认知或者有偏差的认知，然后是行为、立场、观点和态度。如果信息处理有偏差，态度、观点肯定也有问题。处理得正确，态度就准确地反映了你自己或者反映了你对客观信息的立场或态度。心理学研究被广泛应用于政治传播领域，如探讨舆论热点中公众态度的形成与演变、内政外交政策的态度倾向，以及政治类虚假信息的传播机制等。当前政治传播研究的重点可能不是研究真实的信息是如何传播的，而应当特别关注虚假的信息如何被相信、被传播，以及为什么我们不能够完全消灭虚假信息。此外，心理学的政治传播研究关注认知模式、人格特质、意识形态倾向、信息接触等对政治行为、态度、舆论观点的交互影响。

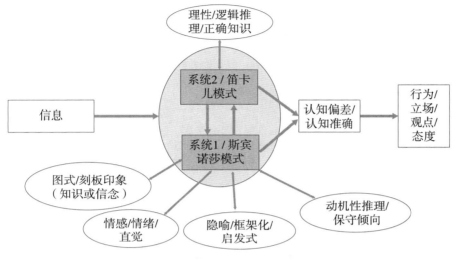

图 1　人类信息加工过程及偏差

本人自 2012 年起着手建立网民社会意识调查数据库。该数据库包含了历年来的社会意识调查结果（见表 1）。此外还包括大学生调查、实验调查，以及美德日韩四国网民对中国国家形象、外交政策看法的跨国比较等。数据库涵盖了传播学、心理学及政治学等多个领域的变量。其中，除了人口学变量，传播学变量还包括媒介接触 / 信息接触、媒介信任、框架效应、舆论极化等。心理学变量包括人格、意识形态、批判性思维 / 分析思维等认知模式、虚假共识、认知偏差等。政治学变量包括民主主义、爱国主义、国际外交、政治价值观等方面。

表 1　网民社会意识调查（2012—2023 年）指标分布

测量变量	2012年	2013年	2014年	2015年	2017年	2018年	2019年	2020年（1）	2020年（2）	2021年	2022年	2023年
人口学变量	√	√	√	√	√	√	√	√	√	√	√	√
媒介接触 / 信息接触			√	√	√	√	√	√	√	√	√	√
媒介信任			√	√	√	√	√	√	√	√	√	√
阴谋论 / 谣言 / 虚假信息					√	√						

续表

测量变量	2012年	2013年	2014年	2015年	2017年	2018年	2019年	2020年（1）	2020年（2）	2021年	2022年	2023年
媒介素养 / 媒体审查			√	√	√	√	√	√				
热点舆论议题（雷洋案、老虎咬死游客、转基因、方方日记、中美外交、俄乌战争、中美贸易战、新冠疫情）				√	√	√	√	√	√	√	√	√
框架效应				√	√	√						√
舆论极化										√	√	√
威权人格	√	√	√	√	√	√	√					
体制合法化（乔斯特）								√		√	√	
认知闭合 / 确定性偏好				√	√	√	√	√				
批判性思维 / 分析性思维 / 直觉思维						√	√	√	√			
抽象思维							√	√				
核心政治价值观（施瓦茨）					√							
大五人格					√							
虚假共识										√	√	√
认知偏差									√	√	√	√
过度自信									√	√	√	
道德基础论（海特）												√
意识形态 / 意识形态自评	√	√	√	√	√	√	√	√				
民族主义	√	√	√	√	√	√	√	√				
爱国主义 / 国家认同	√	√	√	√	√	√		√				
中美外交 / 国际政治议题								√				
政治信任	√	√	√	√	√	√	√	√				
政治知识	.		√					√				
国家形象 / 国家好感度					√	√		√				
社会公平		√			√	√	√	√		√		√
政治价值观 / 国际现实主义 / 合作国际主义	√							√		√	√	√

续表

测量变量	2012年	2013年	2014年	2015年	2017年	2018年	2019年	2020年（1）	2020年（2）	2021年	2022年	2023年
市场经济观										√		
法治观/政治权利	√	√	√	√						√		
选举观/民主观	√	√								√		
安全感/国家间威胁感							√					√

表 1 展示了网民社会意识调查数据库 10 余年来的部分年度调查结果。

一是政治意识形态立场的变迁。社会意识调查数据显示，过去 10 年间，网民的政治意识形态立场经历了显著的波动。尤为引人注目的是，2016 年至 2017 年，网民的政治立场从相对偏右显著转向偏左。这一趋势此后一直持续。这种快速且大幅度的变化反映了社会政治环境的复杂性与动态性，以及个体在特定时期内受外部事件影响的敏感性。

二是民族主义态度的上升与稳定。自 2018 年起，民族主义情绪在网民中显著上升，达到一个相对较高的水平后趋于稳定，可能表明民族主义情感在达到一定程度后存在某种"天花板"效应。这一发现提示我们，中国网民的民族主义情绪可以被迅速激发，其持续性和产生的政治影响仍需进一步观察和分析。

三是国家好感度的差异。在对待其他大国的态度上，调查揭示了显著的好感度差异。具体而言，网民对俄罗斯的好感度持续高于美国，尤其在 2017 年至 2018 年，这种差异更为显著。这个发现可能与两国在国际舞台上的表现、媒体报道及民众对两国政策的认知等因素有关。

四是政府信任度的变化。政治信任的核心表现之一是对政府的信任，调查显示了 10 年来网民对政府信任的变化。这里主要测量网民对政府的不信任度，因为不信任可能更为真实。可以看到，无论是地方政府还是中央政府，其不信任度均在 2017 年至 2018 年出现显著下降。值得注意的是，疫情之后，普通网民对政府的不信任度变化不大，但大学教师群体的不信任感却有所增强。这个发现提示我们，不同的社会群体对政府的信任度存在差异，且这种差异可能受多种因素影响，包括职业背景、信息获取渠道及认知偏好等。

五是强硬外交与国家形象的认知偏差。在关于"战狼"外交是否有助于提高中国国家形象的调查中，我们发现中国网民普遍持正面看法，认为这种外交策略有助于提升国家形象。然而，当我们对这一观点进行跨国比较时，却发现美国、德国、日本、韩国等国家的受访者对此持较为负面的态度。这一显著的认知偏差可能源于不同文化背景下的价值观差异、信息传播的不对称性及国际关系的复杂性。

（作者马得勇系深圳大学政府管理学院政治学系主任、特聘教授）

数字化时代国际政治传播面临的
挑战与应对策略

◇ 严文斌　陆小华　唐润华　孟天广

摘　要： 数字化时代，国际政治传播领域面临复杂态势，出现新挑战与新机遇并存的局面。严文斌教授直面西方涉华叙事中的认知操纵，强调我们应积极寻求应对策略，以维护国家核心利益与国际形象；陆小华教授审视大国外交在数字化时代的新作为，探讨如何通过创新国际传播策略增强国家软实力与国际影响力；唐润华教授强调国际政治传播的整体性思维，倡导在全球化背景下构建基于相互尊重、合作共赢的国际传播新秩序；孟天广教授关注网络评论作为新兴舆论力量如何在外交事务中扮演重要角色，影响公众对外交政策的认知与态度。数字化时代，国际政治传播存在内在规律，需要通过创新叙事手法与国际传播策略，提升国家软实力与国际影响力，构建基于相互尊重、合作共赢的国际传播新秩序。

关键词： 数字化时代；国际政治传播；挑战与应对策略；网络评论；认知操纵；大国外交；讲好中国故事；国际传播新秩序

西方涉华叙事中的认知操纵及其应对策略

◇ 严文斌

2023 年 4 月 24 日，美国总统宣布了一项涵盖援助乌克兰、以色列及所谓"印太"地区的法案，并宣称此举将促进世界和平与安全，美化该法案为世界带来积极变革的愿景。这既是典型的西方政治叙事，也是深刻的认知操纵策略。政治传播本质上是政治叙事，话语与叙事是手段，认知操纵是目的。在国际传播中，以美国为首的西方国家凭借其独特的叙事地位与强大的话语权，广泛运用多种策略，对目标国的特定议题进行认知重塑。

西方涉华叙事策略多样，其核心在于通过精心构建的叙事框架，实现对受众认知的操纵。具体而言，其可归纳为以下几个方面。

一是预设泛化安全议题，构建民主与威权的对立叙事。西方常常通过预设泛化的安全议题，如民主与威权的二元对立，来主导对华认知。这种叙事方式旨在将正常的国家间关系异化为政治对抗，通过政府、媒体及盟友的联合行动，如举办全球民主峰会，全方位、持续性地攻击中国，将科技合作、人文交流等正常活动污名化，进而损害中国形象，加剧外国公众对中国的负面印象。

二是编造谎言，设置陷阱，发动涉华舆论攻势。谎言是西方操纵对华认知的核心手段之一。其策略包括但不限于：散布虚假信息，渲染对抗情绪；设计敏感议题，如南海、台海冲突，利用"修昔底德陷阱"等伪命题诱导情绪，制造"中国威胁论"；将涉华叙事与具体议题捆绑，输出美国价值观，诋毁中国政治制度。

三是技术操纵，构建信息茧房，误导公众情绪。西方还利用技术手段进行认知操纵，如算法限制、内容审查、豢养网络水军等，以封杀涉华正面信息，滋养反华情绪。同时，通过人为操作输出结果，预设舆论走向，利用深度伪造等技术手段发布虚假信息，混淆视听。此外，还根据用户政治倾向建立黑名单制度，优化服务白名单，以放大对美国和盟友有利的信息。

面对西方涉华叙事中的认知操纵，我们可采取以下策略予以应对。

一是界定叙事性质，追溯事实来源，解构西方叙事。其一，需明确界定西方叙事的性质与逻辑，通过追溯事实来源解构其叙事框架。具体方法包括：提升自我叙事能力，变他塑为自塑；摆脱对西方叙事与智库的盲目崇拜，从多元主体协同的角度出发构筑反向叙事；运用批判性思维揭露西方中心主义与霸权主义的叙事逻辑。其二，强化文化与价值观传播，呈现真实中国。

二是坚持正确的叙事方法，打破"现代化即西方化"的迷思，打造具有中国特色的叙事体系。在传播过程中，应将陈情与说理相结合，实现情感共鸣与认知共情；积极讲述中国与大国间的利益交汇点与发展共鸣点，强调合作共赢与民主特色；在交流中互鉴，在互鉴中融合，以展现一个真实、立体、多维的中国形象。

三是应对技术依赖，提升自主传播能力。警惕并防范西方将人工智能技术转化为认知战武器与意识形态斗争的新工具。在自媒体时代，应更加注重政治传播信源的多元化与去中心化，鼓励公众参与政治话题的讨论与传播；同时，加强自主技术研发与应用能力，提升在信息传播领域的自主可控性。

总之，要有效改变西方叙事与认知操纵的策略，我们需深刻洞察人类文明发展的内在规律，秉持人类命运共同体的理念，倡导文明互鉴的文明观，强化"美美与共，天下大同"的价值追求，以此对冲西方所宣扬的文明优越论、文明冲突论及国强必霸论。面对西方对中国道路的妖魔化，我们应坚定地讲述中国式现代化与人类文明新形态的生动实践；当西方鼓吹"普世价值"时，我们则强调人类命运共同体价值追求；西方将选举视为民主的全部，我们便需展示全过程人民民主的广泛性与真实性；针对西方关于文明冲突的陈词滥调，我们倡导文明的交流互鉴，展现不同文明和谐共生的美好愿景。通过这些举措，我们不仅能够有效抵御西方的认知操纵，而且能在全球舞台上发出中国声音，贡献中国智慧与中国方案。

（作者严文斌系新华社原副社长）

大国外交更有作为新阶段的国际传播

◇陆小华

在 2023 年 12 月 27 日举行的中央外事工作会议上，习近平总书记在重要讲话中指出："展望未来，我国发展面临新的战略机遇。新征程上，中国特色大国外交将进入一个可以更有作为的新阶段。"[①] 在这个新阶段，中国国际传播如何更有作为？如何为进一步全面深化改革、推进中国式现代化营造良好外部环境？我就此讲四点思考。

第一，肩负起中国国际传播的三重使命。加强中国国际传播能力建设的要求，是不断丰富发展的习近平文化思想的重要组成部分。中国国际传播不仅承担着习近平总书记多次强调的"讲好中国故事、传播好中国声音""展示真实、立体、全面的中国"[②] "展现可信、可爱、可敬的中国形象"的重要任务[③]，还承担着习近平总书记所强调的"七个着力"之一"着力加强中国国际传播能力建设，促进文明交流互鉴"的历史使命。中国国际传播还要站在中国与世界的连接点上承担好"建设中华民族现代文明这一新的文化使命"，努力展现建设中华民族现代文明的过程与成果，而它本身的发展与成效也是中华民族现代文明建设进程与成果的体现。融会认知、贯通领会，"展示真实、立体、全面的中国"、"促进文明交流互鉴"与"建设中华民族现代文明"是中国国际传播在新时代新阶段所肩负的三重使命。在认识上，需要从政治高度、战略层面深刻理解；在实践上，需要把握好三者间的有机联系，一

---

① 中央外事工作会议在北京举行 习近平发表重要讲话［EB/OL］.（2023-12-28）［2024-08-02］. http://www.news.cn/20231228/0e5a68949de74c4f9780deaedd0365f2/c.html.
② 习近平在中共中央政治局第三十次集体学习时强调　加强和改进国际传播工作　展示真实立体全面的中国［N］.人民日报，2021-06-02（1）.
③ 习近平.高举中国特色社会主义伟大旗帜　为全面建设社会主义现代化国家而团结奋斗——在中国共产党第二十次全国代表大会上的报告［M］.北京：人民出版社，2022：46.

体践行；在理论上，需要一体贯通研究阐发，基于三重使命总结经验、指导实践、推进工作。

第二，努力体现中国的文明观，推进文明层面交流。国际传播是国家间的对话，更是文明层面的交流。传统上，国际传播被理解为国家和其他国际行为主体之间，基于政治经济利益和文化影响，借助各种大众传媒、互联网和人员活动等媒介进行的信息交流和活动。但实际上，世界各国在国际传播中如何看待、处理自身与他人的发展和安全问题，体现了其所秉持的文明观和对人类未来的认知、态度、愿景与行动。中国的国际传播不仅要"讲好中国故事"，还要在以中国视角看世界时体现好中国文明观，在国际传播中体现好我们所秉持的价值观和对人类未来的认知。这就要求中国国际传播的理念、范式和方法发生相应转变，优化国际传播的理念、方式、方法。

第三，展现好中华文明，促进文明交流互鉴。新时代新征程的中国国际传播，不仅要展现中华民族传统文化的创造性转化、创新性发展的成果，还需倾注更多心力创新性地展示中华民族现代文明建设进程、成效与辉煌成就。只有这样，我们才能形成与中国综合国力和国际地位相匹配的话语权，才能进一步增强中华民族现代文明的影响力，才能形成中国在促进文明交流互鉴、推动人类文明进步方面的话语权。国际传播活动既是中华民族现代文明的组成部分，也是向国际社会展示中华民族现代文明建设进程和成果的重要平台。展现好中华民族现代文明，会有力促进国际社会读懂中国式现代化，促进文明交流互鉴。

第四，善于讲好人类文明进步的故事，更有力掌握文明交流互鉴的话语权。中国国际传播，不仅要"讲好中国故事"，也要善于讲好体现人类文明进步的其他国家的故事，善于讲好发展中国家的故事，善于讲好人类文明百花园的故事。只有这样，我们才能更有力地掌握文明交流互鉴话语权。

（作者陆小华系天津大学新媒体与传播学院院长、讲席教授）

国际政治传播的整体性思维

◇唐润华

从传播学视角看，国际政治传播是政治传播与国际传播的结合及融合；而从政治学视角看，国际政治传播是国际政治的一个组成部分或一种表现形式。因此，国际政治传播有三个组成部分：政治传播、国际传播、国际政治。整体性思维是一个基础性概念。整体性是一切事物最基本的属性。根据整体性事物的属性看待问题、处理问题，即整体性思维。

从现实状况来看，国际政治传播的整体性日益凸显。自 20 世纪七八十年代以来，政治传播、国际传播及国际政治均出现越来越明显的整体性特征，其背后驱动力主要源自全球化与媒介化的双重作用。第一个驱动力是全球化，它促进了远距离联系的紧密和频繁，导致了互相依赖的升级、边界的消失、世界的整合及地区间权力的重塑等现象。第二个驱动力是媒介化。我们已经进入了一个深度媒介化的社会。媒介作为一种物质性的传播工具，其影响无处不在。整个社会运行的基本模式是按照媒介的逻辑在进行，即深度媒介化。在这两个因素的推动之下，国际政治传播各个组成部分都出现了越来越明显的整体性。在国际传播方面，国际传播在理论上和技术上均呈现出传播主体全民化、传播内容无界化、传播触达全球化的趋势，亦即，从以往专业机构的专业行为转变为所有社会成员和社会组织的日常生活。从政治传播方面来看，传播渠道、传播主体、传播内容、传播方式都有极大的拓展，整体性越来越明显。从国际政治方面看，也出现了整体性的趋势。在全球层面，人类社会日益成为"你中有我、我中有你"的命运共同体，即一个整体。从国家政治和国际政治的关系来看，国家政治与国际政治一体化。在全球化和媒介化的推动下，这种趋势更加明显。

强调国际政治传播的整体性思维，其必要性根植于当前传播效果尚不尽如人意，未能充分达成我们既定的目标。美国皮尤研究中心数据显示，自 2019 年至 2023 年，多数国家对中国的负面评价呈现出逐年递增的趋势，而仅少数国家如印度尼西亚、肯尼亚、尼日利亚等呈反向态势。[①] 尽管这一数据可以从多个维度进行解读，但不可否认的是，它反映出国际社会对中国的认知挑战确实存在，并提示我们在国际政治传播中需要更加注重策略和方法。早在 2016 年，习近平总书记在党的新闻舆论工作座谈会上便深刻指出，我国在国际舞台还处于有理说不出、说了传不开的境地。[②] 时至今日，此状尚未得到根本性扭转。国际政治传播的效果不理想的原因，可以从不同的视角进行分析，包括但不限于国际政治格局与意识形态冲突、软实力与硬实力，以及叙事策略等。然而，整体性视角作为一个常被忽视却至关重要的分析框架，应受到我们的高度重视。

面对这样的挑战，我们更需要从整体性思维出发，重新审视和调整国际政治传播的策略和路径。国际政治传播的整体性思维意味着整体性已经成为国际政治传播的底层逻辑，其在很大程度上改变了国际政治传播的运行基础，包括主体结构、传受关系、传播内容、传播渠道等，这意味着国际政治传播从理念、体系、战略、策略等必须做出全方位的相应调整，才能应对新形势的挑战。在新时代背景下，把握国际传播、政治传播与国际政治的整体性趋势，是提升传播效能的关键。我们需在整体上把握国际政治传播效果的各个要素间的作用机制及其互动关系，最大限度发挥各要素潜力并形成整体协同效能，最大限度拓展与传播对象共通的意义空间，从而实现传播目标。

从实践层面出发，最重要的是处理好与整体性相关的三个方面的关系：第一个关系是"说"与"做"的关系。荆学民教授曾提出要处理好政治传播中的"言与行"的关系，其中，行是政治，言是传播，言、行应该要一体。[③] 在整体性视角下，"说"和"做"也是一个整体，不能把它分开。虽然传统政治传播主要是通过大众媒介进行的，但是人际传播乃至具身传播、智能传播等也是政治传播的方式，所以

① Negative views of china tied to critical views of its policies on human rights［EB/OL］.［2025-02-03］. https://www.pewresearch.org/global/2022/06/29/negative-views-of-china-tied-to-critical-views-of-its-policies-on-human-rights/.

② 习近平在党的新闻舆论工作座谈会上强调：坚持正确方向创新方法手段　提高新闻舆论传播力引导力［EB/OL］.（2016-02-20）［2024-09-12］. http://cpc.people.com.cn/big5/n1/2016/0220/c64094-28136289.html.

③ 荆学民. 中国政治传播研究：第 4 辑［M］. 北京：中国传媒大学出版社，2023：序.

不是只有通过大众媒介进行的宣传才是政治传播，政治当局的所作所为、政治人物的言谈举止都是政治传播。这就要求"政治行动者"保持"说"与"做"的统一。首先要把事情做好，然后才有可能把故事讲好。不能指望仅仅通过媒体宣传就能够收到好的传播效果，要言行一体、言行一致，尤其是不要只说不做或者说一套做一套，这样无法达到好的国际政治传播效果。第二个关系是"特"与"共"的关系。在坚持中国特色的同时，我们应遵循全人类的共同价值来体现特色。我们的特色应该建立在尊重并遵循共性的基础之上，包括尊重人类共同价值、遵循信息传播基本规律、回应国际社会普遍关切、采用融通中外的话语体系，避免陷入自娱自乐、自说自话的误区。第三个关系是"内"与"外"的关系。从政治层面讲，国际政治传播的效果不是只受外交的影响，还与内政紧密相连。从传播的角度讲，不仅受国际传播的影响，也与国内传播相关。国际政治传播效果的达成，不仅仅在于传播本身，而且与国际政治和国际政治的运作相辅相成。政治当局时刻要有整体性思维，内外政策的制定和实施应该遵循同样的价值准则，内宣和外宣也应该坚守同样的专业标准。

总之，国际政治传播的整体性思维不仅是理论上的要求，还是实践中的必然选择。只有把握整体性趋势，处理好"说"与"做"、"特"与"共"、"内"与"外"的关系，才能在新时代背景下有效提升国际政治传播的效能，实现我们的传播目标。

（作者唐润华系大连外国语大学新闻与传播学院教授）

网络评论如何塑造外交事务民意

◇孟天广

网络评论（简称"网评"）的影响力，在数字时代日益凸显，简而言之，在数字化环境中，个体不仅形成并表达自己的偏好，还频繁感知、体验乃至互动于他人的偏好之中，这一过程深刻影响着个人偏好与行动模式的构建，这正是我研究的核心。尤为值得注意的是，网络社交媒体中的"弹幕"现象，作为一种高度沉浸式的网评形式，其即时性与互动性在信息传递与偏好塑造上展现出独特效力。它不同于传统的网络跟帖，而是在用户浏览信息内容的同时，直接干预其思考过程与偏好形成，其影响机制值得深入探究。

外交事务的民意，作为国际与国内政治中的重要变量，其生成与演变历来备受关注。在数字时代背景下，外交事务民意生成的信息环境经历了深刻变革。昔日，公众主要通过精英化、专业化的大众媒体获取外交信息，形成认知与偏好，政党亦在此过程中扮演关键角色。而今，数字化传播不仅改变了民意形成的路径与机制，还加剧了观点的分化与极化，甚至显著放大了外交事务民意的政治效能。公众借助数字平台，得以跨越专业知识门槛，对外交事务发表见解，形成偏好，这一现象值得高度重视。

我们观察到，网评的激增与传播已成为塑造外交事务民意的新兴力量。尽管现有研究已触及网评对态度、行为塑造的多个方面，如科普、公益新闻等，但针对网评如何影响外交事务民意生成的探讨尚显不足。我们注意到，相较于大众传媒时代外交事务民意主要由大众传媒、政治精英与公众三方互动形成，数字时代互联网媒体的介入，尤其是社交媒体的兴起，使得外交议题的话题性增强、传播速度加快、显著度提升。公众参与的广泛性与活跃度空前高涨，网评信息呈现爆炸式增长。同时，平台或行政机制对信息的筛选与过滤作用亦不容忽视，如"弹幕"中的信息筛选机制便是一例。在此背景下，外交事务的意见市场呈现出多元化与扁平化并存的特征，凸显了分析网评对个人意见形成影响的必要性。

在研究方法上，我们超越了传统的网评量化分析框架，即不再单纯关注点赞数、转发量与评价数等量化指标，而是深入探究网评的内容、质量、文明性及来源等维度。我们尤为关注网评中集体性出现的偏好及其对个人意见的影响，特别是意见倾向性如何作用于民意形成。

多位学者指出，在面对复杂且难以判断的信息环境时，公众往往依赖感性或非理性的方式处理信息，此时他人的评价尤其是集体性意见显得尤为重要。基于此，我们引入了启发式理论来解释网评对民意形成的影响机制。在信息过载、多向流动且缺乏公认把关标准的互联网环境中，人们倾向于依赖启发式机制来判断信息可信度、形成态度倾向并做出决策。我们预期，网络评价将引发从众效应，即当个人面临复杂且质量不确定的信息时，倾向于具有倾向性的网评偏好。

（一）研究动机与实验设计

谈及为何选择这一研究课题，我们的初衷并非直接聚焦于外交事务民意的深度剖析，而是缘起于 2021 年阿拉斯加峰会上的中美外交交锋事件。特别是杨洁篪先生对美国无理态度的坚决反击，这一视频片段在网络上迅速广泛传播，激发了国内舆论的热烈反响与多元意见的碰撞，为我们提供了一个极为生动且富有研究价值的情境。因此，我们决定以此视频作为实验的核心素材，旨在探索网络评论在外交事件民意塑造中的具体作用。

实验设计上，我们采用了严谨的实验室实验方法，精心招募了 200 名大学生作为实验对象，并依据不同干预条件将他们分为四个实验组，包括一个控制组作为基准参照。控制组观看的是与国际事务相关但无特定情感倾向的视频，以确保实验结果的纯净性。而其余三组则分别观看包含积极正向、负面批评及中立平衡弹幕的同一外交事件视频。通过人为操控弹幕内容，我们模拟了不同网络舆论环境对个体认知与行为可能产生的影响。值得注意的是，这一实验设计充分考虑了现实世界中平台对弹幕内容的筛选与过滤机制，使得实验结果更具现实意义与参考价值。

（二）实验流程与变量考量

实验于 2021 年 6 月正式展开，尽管受限于实验室实验的样本规模，但我们的研究仍力求在严谨性与科学性上达到较高标准。实验过程分为前测、视频观看与后测三个阶段，其间穿插了多项过渡性措施，以确保被试者能够顺利进入实验状态。

在前测阶段，我们收集了被试者的人口统计学特征、个人价值观、偏好及对中美关系的既有认知等基础数据，为后续分析提供背景支持。实验关心的因变量主要包括三类：一是意见气候的感知能力，即个体能否准确捕捉并理解社会舆论中的主流意见气候，这直接关系到个体认知的准确性与偏差问题；二是外交事务态度，包括被试者对中美关系现状的评价、未来走向的预期及对特定事件责任归属的判断；三是行动倾向，即被试者在观看了实验视频后可能采取的具体行动意向，如是否点赞、转发视频，或是否会产生抵制美国产品、批评美国政策、减少赴美旅行等实际行动。我们坚信，只有将态度转化为实际行动，才能真正体现研究的实践价值与意义。

（三）主要发现与结论

在深入剖析实验数据后，我们得出了一系列关键发现，这些发现围绕样本特征、意见气候感知、外交事务态度及行为倾向等多个维度展开。就样本特征而言，我们的样本在性别、政治面貌分布上相对均衡，理工科学生占比较高，符合清华大学学生群体的实际情况。样本平均年龄为 23 岁，覆盖了本科至研究生阶段的学生，确保了研究对象的多样性与代表性。

关于互联网特征与外交事务认知，我们注意到尽管绝大多数被试者缺乏欧美旅行经历，但他们仍能通过社交媒体等渠道形成对国际事务的偏好与看法。特别是针对特定外交事件，如峰会等，被试群体内部虽态度存在分歧，但整体上表现出较高的关注度与了解度。

1. 意见气候感知与认知偏差

首要发现是，被试者在意见气候感知上存在显著的认知偏差，具体表现为普遍高估了肯定性弹幕的比例。在肯定性弹幕占比较高的实验组中，被试者的感知相对准确；然而，在否定性弹幕或持平弹幕占主导的情境中，被试者却倾向于认为肯定性弹幕仍占多数。这种高估现象在否定性弹幕组中尤为突出，高达 35.3%，而在持平组中则为 15%。这一发现揭示了中国人群体在面对网络舆论时，可能存在的对正面信息的过度偏好与解读倾向。

进一步分析显示，多数否定的弹幕能够显著影响被试者对周围人群乃至全国范围内态度的判断，引发更为谨慎或悲观的估计。相比之下，多数肯定性弹幕则主要增强了被试者的强硬感知，而平衡型弹幕则对满意度评价产生负面影响，但对强硬态度影响有限。

2. 外交事务态度与行为倾向

在外交事务态度方面，控制组与肯定性弹幕组的被试者对中国政府的外交政策（特别是对美政策）满意度评价基本一致，反映出中国公众普遍持积极评价的态度倾向。然而，在否定性弹幕的影响下，被试者的满意度显著降低，强硬偏好也相应减弱。这表明网络舆论中的负面信息能够有效地改变个体的外交事务态度。

在行为倾向上，多数否定性弹幕不仅降低了被试者为视频点赞、分享至朋友圈的意愿，还显著增加了其在观看过程中关闭视频的可能性。这种自我保护机制的启动，体现了个体在面对与自身观点相悖的负面信息时的心理反应。同时，否定性弹幕还显著减少了被试者采取反美行动的比例，反映出负面舆论对个体行为倾向的深远影响。

3. 研究价值与展望

综上所述，本研究证实了社会性评论在个体偏好形成中的重要作用，并揭示了意见气候感知中的认知偏差现象。这些发现不仅丰富了外交事务民意研究的理论框架，还为政策制定者提供了有益的启示。未来研究可进一步探索不同政策领域中的社会性评论效应，以及长期干预对个体态度与行为的影响。

同时，我们也应警惕从众效应可能带来的偏差与放大效应，尤其是在网络舆论高度发达的今天。政府可借此机会，通过精心设计的话语框架来引导公众舆论，降低外交事务的观众成本，促进政策的顺利实施。当然，本研究仍存在一些局限性，如样本范围有限、干预效应的长期性未得到充分验证等。这些不足之处将为我们后续的研究提供方向与动力。

（作者孟天广系清华大学社会科学学院副院长、教授）

媒介与国家治理研究

网络新闻消费如何增进政治信任：一项关于公共讨论、私下讨论与理性原则的实证研究 *

◇艾民伟　张　楠　王琳斐　胡敏佳

摘　要：在社交媒体时代，网络媒体成为人们越来越普遍的新闻接触渠道，理解网络新闻消费对塑造公众的政治观点和政治信任的作用具有重要的理论和实践意义。文章基于传播中介模型，从政治讨论和理性原则的角度出发，将政治讨论区分为公共讨论和私下讨论两种形式，分析网络新闻消费如何通过不同形式的政治讨论作用于政治信任。通过对 2018 年网民社会意识调查数据的分析，发现网络新闻消费同时与公共讨论和私下讨论正向关联，但是仅公共讨论能够显著地增加政治信任，并且在网络新闻消费与政治信任之间起着中介作用。同时，理性程度能显著地增强公共讨论对政治信任的促进作用：越理性的公共讨论，越能产生更高的政治信任水平。研究发现不仅丰富了现有关于政治信任与媒体使用的研究内容，还为倡导理性公共讨论、提升互联网治理提供了参考。

关键词：政治信任；公共讨论；私下讨论；理性原则；网络新闻消费

一、问题的提出

关于政治信任与媒体使用的关系，目前学界已经累积了较多的研究成果，且得出了基本一致的结论，即传统主流媒体使用可以增加政治信任，而网络媒体使用则

* 本文系中央高校基本科研启动经费项目（20720241018）和福建省社科基金马工程项目（FJ2024MGCA039）研究成果。

会降低政治信任。[①] 当下，互联网已成为人民群众获取时政新闻、参政议政的重要途径。截至 2023 年 6 月，我国网民规模达 10.79 亿人，互联网普及率达 76.4%，互联网新闻市场用户规模超过 5.79 亿人[②]。与此同时，互联网也催生了虚假信息[③]、"圈层化"[④]、观点极化[⑤]、情绪宣泄[⑥] 等负面现象，不断地损害政府的公信力。虽然政府持续倡导增强互联网空间的主流媒体话语权，但非主流话语仍持续存在。在此背景下，如何引导网络新闻消费并将其转化为增加政治信任的重要力量，是一个亟待解决的学术和政策议题。

为了回答这一问题，本文从政治讨论和理性原则的角度出发，旨在探讨它们对网络新闻消费和政治信任之间关系的作用机制。具体而言，本文基于传播中介模型（communication mediation model），关注政治讨论在网络新闻消费与政治信任之间的中介作用，并根据政治讨论发生的空间将其分为公共讨论和私下讨论两种形式，以检验不同形式的政治讨论如何在网络新闻消费与政治信任之间发挥中介作用。一方面，本文从公共空间的角度将公共领域和私人领域引入传播中介模型，丰富了其理论内涵；另一方面，本文立足于中国本土经验，关注熟人社会中的私下讨论形态，以更好地理解公众如何通过参与不同形式的政治讨论来获取和解释新闻信息，并进一步影响他们的政治态度和信任，这对于理解公众对政府和政治体系的态度形成过程具有重要意义。此外，本文还将考察理性原则在不同形式的政治讨论中的调节作用，以更准确地把握公众对新闻信息的评估和解读差异，从而更有效地理解政治讨论对政治信任的影响。基于实证分析，本文希望能够为政治信任与媒体使用的关系提供新的洞见，并为倡导理性公共讨论和改善互联网治理提供有益的参考，以构建

---

① 胡荣，任重远.网民媒体接触对政府信任的影响：基于中介和调节作用的研究［J］.河北学刊，2022，42（2）：177-187. 苏振华，黄外斌.互联网使用对政治信任与价值观的影响：基于 CGSS 数据的实证研究［J］.经济社会体制比较，2015（5）：113-126. 杨江华，王辰宵.青年网民的媒体使用偏好与政治信任［J］.青年研究，2021（4）：1-10，94. 朱博文，许伟.媒介使用、媒介评价与青年政府信任：基于 CSS2013 的数据分析［J］.江汉论坛，2019（12）：123-127.

② 第 52 次《中国互联网络发展状况统计报告》［EB/OL］.（2023-08-28）［2024-03-31］. https://www.cnnic. net.cn/n4/2023/0828/c88-10829.html.

③ 胡宏超.社交媒体虚假信息的动态成因与治理启示：基于行动者网络理论视角的分析［J］.出版科学，2023，31（2）：61-69.

④ 申金霞，万旭婷.网络圈层化背景下群体极化的特征及形成机制：基于"2·27 事件"的微博评论分析［J］.现代传播（中国传媒大学学报），2021，43（8）：55-61.

⑤ 吴飞，徐百灵.自媒体话语实践中的观点极化与社会流瀑：对方方日记海外出版争论的个案分析［J］.新闻记者，2020（6）：37-46.

⑥ 付晓光，宋子夜.情绪传播视角下的网络群体极化研究［J］.中国新闻传播研究，2017（2）：142-151.

更理性和信任的政治环境。

二、文献综述和研究假设

（一）网络新闻消费与政治信任

政治信任反映着公民对政治系统和政府的信任，是政治权力合法性的基础，也是政治稳定的重要保障。[1] 目前，政治信任存在多种定义，包括政府信任、政治体系认同、社会信任、政治机构信任等。为方便后续探讨，本文采纳政治机构信任的观点，将政治信任定义为民众对政治组织（如政党）、政府机构（政府）、军队等的信任[2]。研究发现，转型中国的政治信任呈现出政府信任差序化、政府信任阶层差异化、政治信任 U 型分布、政治信任流失加剧等核心特征。[3]

媒介作为公众了解时政的重要渠道，对公众的政治信任有重要影响。[4] 西方关于媒介影响政治信任的研究大致有积极、消极和中立三种理论观点。"媒体抑郁论"认为，媒介之间的竞争会将新闻报道的关注点聚焦于政治丑闻和政治冲突，导致民众政治冷漠、政治信任度降低[5]；与之相反，有学者研究发现，媒介作为重要的信息来源，在提高政治知识和政治兴趣、激发公民政治参与等方面具有重要作用[6]，因此媒介使用有利于政治信任的维持和提升。另有观点认为，媒介对政治信任的影响取决于媒介内容，而媒介本身只是中性的、传播资讯的中介[7]。

在中国，研究者发现，不同类型的媒体使用会对政治信任产生不一样的影响。

---

[1] MILLER A H. Political issues and trust in government：1964–1970［J］. American political science review，1974，68（3）：951-972.

[2] 马得勇. 政治信任及其起源：对亚洲 8 个国家和地区的比较研究［J］. 经济社会体制比较，2007（5）：79-86.

[3] 梅立润，陶建武. 中国政治信任实证研究：全景回顾与未来展望［J］. 社会主义研究，2018（3）：162-172.

[4] 张明新，刘伟. 互联网的政治性使用与我国公众的政治信任：一项经验性研究［J］. 公共管理学报，2014，11（1）：90-103，141-142.

[5] ROBINSON M J. Public affairs television and the growth of political malaise：the case of "The Selling of the Pentagon"［J］. American political science review，1976（2）：409-432.

[6] O'KEEFE G J. Political malaise and reliance on media［J］. Journalism quarterly，1980，57（1）：122-128.

[7] MILLER A H，GOLDENBERG E N，ERBRING L. Type-set politics：impact of newspapers on public confidence［J］. American political science review，1979，73（1）：67-84.

传统主流媒体的使用能显著地增加政治信任。例如，基于中国综合社会调查 2010 年的数据，卢春天和权小娟发现报纸、杂志、广播和电视的使用对提高政府信任具有积极影响[①]。张明新和沙贺稳发现，媒体使用能够增加传统主流媒体信任，进而增加政治信任。[②] 可见，传统主流媒体在维系民众对政府和政权支持方面发挥着积极作用，能够提高公众对现有政治体制和国家意识形态的支持和信任。与此同时，研究者也发现，网络媒体的使用会显著地降低政治信任。例如，胡荣和任重远发现，非传统主流媒体接触——自媒体平台、网络帖子、国外媒体——对政府信任具有消极的显著性影响[③]。目前诸多研究均认为，互联网传播的这些负面特征能够显著地降低用户的政治信任水平。因聚焦于网络新闻与政治信任，本文将网络新闻消费作为自变量，而将传统主流媒体新闻消费当作控制变量，这样能使我们的分析更为准确。由此本文提出第一个研究假设：

H1：网络新闻消费越多，政治信任水平越低。

（二）传播中介模型与公共讨论、私下讨论

政治讨论[④] 或政治表达[⑤] 是协商民主的重要内容，是民众政治参与的常见方式，也是影响公共舆论的重要因素[⑥]。互联网的出现，既为政治讨论提供了信息材料，也提供了平台。一方面，互联网使新闻信息的接触和消费变得更加容易和便捷。另一方面，网络媒体更加重视与受众的互动，鼓励用户进行内容生产，如发表帖子或撰写评论。互联网助力下的政治讨论成为公共舆论的重要影响因素。例如，在"教材插图争议""南京玄奘寺供奉侵华日军战犯牌位"事件中，都能够观察到广泛的政治讨论及其影响力。

① 卢春天，权小娟.媒介使用对政府信任的影响：基于 CGSS2010 数据的实证研究 [J].国际新闻界，2015，37（5）：66-80.
② 张明新，沙贺稳.我国青少年的媒体使用，媒体信任与政治信任：基于一项全国性问卷调查的研究 [J].西安交通大学学报（社会科学版），2023（11）：1-15.
③ 胡荣，任重远.网民媒体接触对政府信任的影响：基于中介和调节作用的研究 [J].河北学刊，2022，42（2）：177-187.
④ 黄欣欣.社交媒体偶遇式新闻接触与青少年潜在政治参与：网络政治效能感和政治讨论的远程中介作用 [J].国际新闻界，2022，44（11）：120-141.
⑤ 卢家银.传统媒体与网络媒体：媒介新闻使用对青年政治表达的影响及政治效能的中介作用 [J].新闻大学，2017（3）：88-98，150-151.
⑥ 张明新，常明芝.青年群体的媒体使用对政治表达的影响：检验政治知识与媒体信任的调节效果 [J].新闻与传播评论，2023，76（1）：76-86.

在关于中国的政治传播学中，学者日益重视对政治讨论的研究，如分析网络讨论的结构特征[①]、互联网公共讨论中的多元共识[②]、政治讨论的影响因素[③]等。在这些研究中，被广泛使用的理论是传播中介模型。该模型最早由美国学者 McLeod 提出，旨在解释传播活动对心理和社会变量与行为关系的中介作用，这些传播活动主要指媒体使用和人际传播[④]。根据传播中介模型，政治讨论是一种思考和理解活动，充当着信息接触和政治参与的中介。人们通过政治讨论对媒介信息进行消化，进而影响到他们的政治参与意愿。例如，林奇富和殷昊发现，政治内容的媒体接触和政治讨论呈正相关关系[⑤]；王建武则发现积极参与网络政治讨论能够促进维权抗争行为的实施。这些研究在中国情境中证实了政治讨论的重要作用。

然而，值得注意的是，传播中介模型进一步指出，政治讨论对政治参与的影响需通过态度这个中介实现，即媒介接触—政治讨论—政治态度—政治参与。然而，现有的文献对政治讨论如何影响个体的政治态度还缺乏研究。相比于政治参与，研究政治讨论和政治态度的关系可能更为重要。其原因是政治讨论并不一定激发政治参与，甚至有时候二者之间并不存在直接的关联。例如，美国学者发现，在西方社会中，强关系的政治讨论并不能激发政治行动[⑥]，而 Ai 和 Zhang 则发现，强关系的政治讨论在香港社会中对制度化的政治参与没有影响[⑦]。因而本文将政治信任作为因变量，分析政治讨论与其的关联。

更为重要的是，政治讨论是一个多维度的概念，而非单维度。大部分研究把政治讨论当作单一的维度来处理，但是少数学者开始有意识地区分不同类型的政治讨论。比如，将政治讨论区分为线下讨论和线上讨论。也有学者从政治讨论参与者之

① 王喆.社会政治议题网络讨论之认知失调与选择性修正［J］.国际新闻界，2016，38（2）：57-72.
② 苏颖.中国互联网公共讨论中的多元共识：基于政治文明发展进程里的讨论［J］.国际新闻界，2012，34（10）：23-29.
③ 闵晨，陈强，王国华.线下政治讨论如何激发青年群体的线上政治表达：一个有调节的中介模型［J］.国际新闻界，2018，40（10）：44-63. MOU Y, ATKIN D, FU H. Predicting political discussion in a censored virtual environment［J］. Political Communication，2011（3）：341-356.
④ SHAH D V, CHO J, NAH S, et al. Campaign ads, online messaging, and participation：extending the communication mediation model［J］. Journal of communication，2007，57（4）：676-703.
⑤ 林奇富，殷昊.娱乐与政治：受众娱乐偏好对网民政治参与的影响——基于网民社会意识调查 2017 的分析［J］.政治学研究，2020（5）：77-90，127.
⑥ ZÚÑIGA D G H. The mediating path to a stronger citizenship：online and offline networks, weak ties, and civic engagement［J］. Communication research，2011，38（3）：397-421.
⑦ AI M, ZHANG N. Strong-tie discussion, political trust and political participation：a comparative study of Mainland China, Hong Kong and Taiwan［J］. International communication gazette，2021，83（5）：497-516.

间的关系强度出发，将其区分为强关系的政治讨论和弱关系的政治讨论[①]。本文在林奇富和殷昊的研究基础上（公开政治表达与私人政治讨论）[②]，将政治讨论区分为公共讨论和私下讨论两种形式。公共讨论指的是发生在公共空间的政治讨论，该社会空间向所有人开放；相对应地，私下讨论发生在私人空间中，该空间仅对私人关系开放，如家庭和朋友。相比于公共政治讨论，私下政治讨论是公民未公开的、私下进行的政治表达和交流。中国传统社会中"家天下"的价值观意味着朝堂之外无所谓的"公共空间"，而互联网第一次为中国政治文明形态敞开了公共空间和个人空间[③]。具体而言，互联网的低门槛进入准则有益于构建向更多人开放的公共空间，其资源共享精神也体现着这种开放空间的公共性特征。在互联网平台，两种社会空间的政治讨论同时存在，并且二者具有诸多的差异。

首先，讨论的参与者不同。公共讨论的参与者之间大多彼此不熟悉，如论坛的匿名用户，而私下讨论的参与者之间往往具有较为紧密的关系，如家人、朋友。公共讨论的参与者人数众多，而私下讨论的人数较少。其次，讨论的形式也不一样。公共讨论一般借助开放性的媒介平台，如网络论坛、虚拟社区、社交媒体；相反，基于互联网平台的私下讨论则多借助私密的媒介形式进行交流，如使用微信、QQ与朋友进行聊天。公共讨论因而具有开放性，而私下讨论具有排他性。最后，公共讨论和私下讨论的内容也存在差异。公共讨论的内容一般可以转化为私下讨论的内容，但私下讨论的内容却不一定适合公共讨论，私下讨论的内容可能更为敏感和负面。总体而言，公共讨论可能是传统主流媒体舆论场的一部分，私下讨论则属于民间舆论场，两种形式的政治讨论构成当下的舆论格局[④]。因为存在这些差异，公共讨论和私下讨论的政治效应也可能大不相同。据此，下文将探讨公共讨论、私下讨论与传统主流媒体使用、政治信任之间的关系。

---

① ZÚÑIG D G H. The mediating path to a stronger citizenship: online and offline networks, weak ties, and civic engagement [J]. Communication research, 2011, 38 (3): 397-421. AI M, ZHANG N. Strong-tie discussion, political trust and political participation: a comparative study of Mainland China, Hong Kong and Taiwan [J]. International communication gazette, 2021, 83 (5): 497-516.

② 林奇富，殷昊. 娱乐与政治：受众娱乐偏好对网民政治参与的影响——基于网民社会意识调查 2017 的分析 [J]. 政治学研究，2020 (5): 77-90, 127.

③ 苏颖. 中国互联网公共讨论中的多元共识：基于政治文明发展进程里的讨论 [J]. 国际新闻界，2012, 34 (10): 23-29.

④ 童兵. 关于当前新闻传播几个理论问题的思考 [J]. 新闻与传播研究，2013, 20 (1): 7-15, 126.

传播中介模型认为，媒体使用是进行政治讨论的前提①。无论是进行公共讨论还是私下讨论，参与者都需要提前获取和准备好讨论的信息材料。该材料的主要形式即新闻，新闻承担着为政治讨论提供素材的角色。新闻接触越多，人们进行讨论的素材、话题等信息材料就越多，因此也越容易参与政治讨论。学者已证实新闻消费和政治讨论之间呈正向关联，如李雪晴等人的研究表明，无论是在中国大陆还是在香港社会中，使用社交媒体获取时事信息与线下和线上讨论都存在正向关系。通过对 2017 年中国网民社会意识调查的数据分析，林奇富和殷昊发现人们对政治内容的接触越多，他们越可能进行公共讨论和私下讨论②。基于此，本文提出第二个研究假设：

H2：网络新闻消费使用能够增加（a）公共讨论和（b）私下讨论。

作为理解新闻的一种活动，政治讨论还能影响到人们的认知和态度。传播中介模型认为，人们在消费新闻后，会进一步在人际网络中讨论其内容，以更好地理解和澄清事件并做出判断③。该信息消化过程会从两个方面影响人们的态度。其一，人际讨论能够提高个体对新闻内容的理解，人们据此形成认知；其二，政治讨论通过人际影响使人们主动或被动接受他人或群体的意见。可见，政治讨论能够形塑人们的政治信任。然而，不同类型的政治讨论，可能会对政治信任产生迥异的影响。

相比于私下讨论，公共讨论更容易受到群体压力的影响。根据"沉默的螺旋"假设④，当人们感知到自己的观点是少数人支持的观点时，由于害怕被群体孤立，他们常不愿意公开发表自己的见解。因此，在公共讨论中，信源可信度高、符合主流价值观的意见及关于政府机构积极正面的言论，更容易传播并形成舆论气候⑤。与之相比，私下讨论常常发生于家人、朋友、同学、同事等熟人网络中，虽然具有排他性，但群体压力较小，更适合参与者深入地交换意见，甚至包括负面信息⑥。因此，

① SHAH D V, CHO J, NAH S, et al. Campaign ads, online messaging, and participation: extending the communication mediation model [J]. Journal of communication, 2007, 57（4）: 676-703.
② 林奇富，殷昊. 娱乐与政治：受众娱乐偏好对网民政治参与的影响——基于网民社会意识调查 2017 的分析 [J]. 政治学研究, 2020（5）: 77-90, 127.
③ S S H, XIANGHONG P, L W V S. The cognitive mediation model: factors influencing public knowledge of the H1N1 pandemic and intention to take precautionary behaviors. [J]. Journal of health communication, 2013, 18（7）: 773-794.
④ NOELLE-NEUMANN E. The spiral of silence a theory of public opinion [J]. Journal of communication, 1974（2）: 43-51.
⑤ 闫文捷. 作为公共传播的民主商议及其意义：一项针对浙江基层商议实践的问卷调查 [J]. 新闻与传播研究, 2017, 24（11）: 12-33, 126.
⑥ 陈梦，王积龙，邢亚琳. 乡土中国调查：社会资本理论下村民环保传播的实证研究 [J]. 新闻界, 2022（5）: 51-61.

个性化的、多元的，甚至非主流的意见和观点更容易在私下讨论中得到表达和传播。据此，承载主流价值观的公共讨论有利于公众形成对政府机构的正面感知，增加政治信任水平；而私下讨论则有可能对政治信任产生负面影响。本文据此提出以下两个研究假设：

H3a：公共讨论越多，政治信任水平就越高。

H3b：私下讨论越多，政治信任水平就越低。

综合前三个假设，基于传播中介理论，本文进一步探究公共讨论和私人讨论的中介作用，因此提出以下研究假设：

H4：（a）公共讨论和（b）私下讨论在网络新闻消费与政治信任的关系中发挥着中介作用。

（三）政治讨论的理性原则

互联网的发展不仅给中国的政治讨论创造了机会，同时也带来了挑战，最典型的现象是中国网络公共讨论中理性的缺失[①]。其原因不仅包括非理性话语的侵蚀，还包括网络社区缺乏谣言自洁机制、网络民主的有效性难以得到保证、群体极化效应的副作用、传统媒体"把关人"作用的弱化，以及中国社会公共理性精神匮乏。公共讨论中理性的缺乏严重影响了网民的民主协商水平[②]。虽然诸多学者提倡理性讨论，但长期缺乏对理性程度的实证研究。

讨论是否理性，不仅影响人们对政治讨论的参与意愿，还影响到他们对信息的加工和处理。非理性的政治讨论可能迫使参与者退出讨论的过程，并拒绝接受新的观点。研究发现，不文明的网络评论会导致人们拒绝接受新的观点，并强化他们先前的态度[③]；类似地，新闻内容下面的不文明评论能够降低人们思维的开放性，使他们更加不愿意改变自己的立场[④]。与之相反，在政治讨论中坚持宽容、换位思考及讲事实，能够使参与者感受到尊重，增强其卷入度，参与者更愿意分享自己的观点、

① 邹新，贺祥林.网络公共讨论中网络理性的缺失与构建［J］.理论月刊，2015（3）：174-178.

② 韩敏.移动互联网时代新媒体事件的网络协商与群体极化：基于"成都女司机被打"事件的内容与文本分析［J］.当代传播，2016（5）：55-58，83.

③ ANDERSON A A，BROSSARD D，SCHEUFELE A D，et al. The "nasty effect"：online incivility and risk perceptions of emerging technologies［J］. Journal of computer-mediated communication，2014，19（3）：373-387.

④ BORAH P. Does it matter where you read the news story? Interaction of incivility and news frames in the political blogosphere［J］. Communication research，2014，41（6）：809-827.

聆听他人的看法。

从公共传播的角度看，当基于新媒体平台的公共讨论以审慎思考、理性等商议的原则进行时，越能超越个体视角体现公共利益或共同利益，越能提高公众对政府绩效的评价[①]。换言之，公共讨论的过程越理性，其对政治信任的正面效应可能更强。然而，现有研究尚未对理性原则与基于私人空间的政治讨论进行研究，因此本文提出以下研究假设和问题（整体关系模型见图 1）：

H5：理性原则对公共讨论与政治信任的关系存在积极的调节作用，即理性程度越高，公共讨论越能够促进政治信任。

RQ1：理性原则是否能调节私下讨论与政治信任的关系？

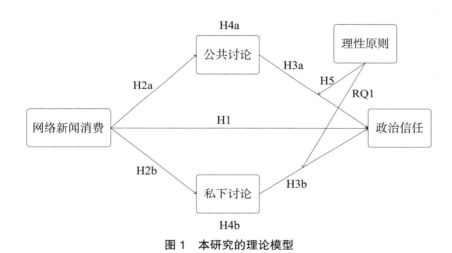

图 1　本研究的理论模型

三、研究方法

（一）数据来源

本研究的数据来自马得勇教授主持的 2018 年网民社会意识调查。该数据收集于 2018 年 8 月，网络问卷的发放渠道是微信、问卷网和微博，分别收集了 1363 份、

---

① 闫文捷.作为公共传播的民主商议及其意义：一项针对浙江基层商议实践的问卷调查［J］.新闻与传播研究，2017，24（11）：12-33，126.

1761 份、2291 份问卷，最终该年度的样本量为 5415。

在样本中，男性占比 55.1%，年龄的中位数是 30 岁至 34 岁，家庭平均年收入的中位数是 10 万至 20 万，居住地区的中位数是中等城市，教育水平的中位数是大学本科。具体人口统计学特征见表 1。

表 1　样本的人口统计学特征

样本特征	分类	人数（个）	占比（%）	样本特征	分类	人数（个）	占比（%）
性别	男性	2981	55.1	家庭年收入（万元）	20—49.999	1164	21.5
	女性	2434	44.9		50—99.999	177	3.3
年龄	18—24 岁	1273	23.5		100—199.999	38	0.7
	25—29 岁	1423	26.3		200 以上	13	0.2
	30—34 岁	1193	22	居住地区	村庄	192	3.5
	35—39 岁	601	11.1		镇子	305	5.6
	40—44 岁	368	6.8		小城市	1015	18.7
	45—49 岁	288	5.3		中等城市	1369	25.3
	50—54 岁	109	2		大城市及境外	2534	46.8
	55—59 岁	88	1.6	教育水平	没上过学	9	0.2
	60 岁以上	72	1.3		小学	24	0.4
家庭年收入（万元）	1 以下	44	0.8		初中	118	2.2
	1—1.999	125	2.3		高中（含中专）	489	9
	2—3.999	348	6.4		专科（含高职）	766	14.1
	4—5.999	1002	18.5		本科	2775	51.2
	6—9.999	805	14.9		硕士	788	14.6
	10—19.999	1623	30		博士	446	8.2

虽然网民社会意识调查系列调查采用的是方便样本而非随机抽样，但其提供的数据仍具可信度。首先，网民是基于自愿性质花费 10 至 30 分钟来答题，并且全程不面对受访者，因而有理由相信他们提供了较为真实可靠的信息。其次，答题时间小于七八分钟的问卷也已经从数据库中剔除。最后，网民社会意识调查数

据库已被境内外不同的学术研究采用①。基于此，我们认为使用该数据库来分析中国网民是具有可信度的。我们通过中国学术调查数据资料库获取了该调查的使用权限。②

（二）变量测量

一是网络新闻消费。该变量的测量题项包括通过网络论坛（如凯迪社区）、自媒体平台（非传统主流媒体的微博、微信公众号）及 X 等境外媒体获取时政新闻信息的频率。选项为 1（几乎不使用）到 4（几乎每天都使用）。这 3 个题项相加求均值，得到网络新闻消费变量（克隆巴赫系数 = 0.653，M = 2.29，SD = 0.74）。

二是公共讨论和私下讨论。该变量考察网民进行公共讨论和私人讨论的行为，具体询问答题者通过以下方式表达自己对政治、经济、社会问题的看法的频率。其中，公共讨论行为包括：①在网上发帖、回帖；②撰文并向媒体投稿；③在自己的微博、博客上发言；④参加网络 QQ 群、微信群的讨论。私下讨论行为包括：①线下和朋友聊天；②通过私人邮件、聊天工具等方式私下交流。选项为 1（从来不参加）到 4（经常参加），对相应题项相加求均值，得到公共讨论变量（克隆巴赫系数 = 0.792，M = 2.38，SD = 0.75），以及私下讨论变量（斯皮尔曼 – 布朗相关系数 = 0.606，M = 2.57，SD =0.78）。

三是政治信任。政治信任是询问答题者对一系列政府机构的信任水平，包括：①法院；②警察；③党中央和中央政府；④省级政府；⑤乡镇政府；⑥村委会。选项为 1（非常信任）到 4（很不信任）。反向编码后，题项相加求平均值，得到政治信任变量（克隆巴赫系数 = 0.857，M = 2.91，SD =0.64）。

四是理性原则。该量表询问答题者在与人交流和讨论政治社会经济问题的过程中坚持哪些原则，题项包括：①宽容；②克制；③换位思考；④讲逻辑；⑤讲事实。选项为 1（非常重要）到 4（很不重要）。将题项反向编码后进行相加求均值，

① 林奇富，殷昊. 娱乐与政治：受众娱乐偏好对网民政治参与的影响：基于网民社会意识调查 2017 的分析［J］. 政治学研究，2020（5）：77-90，127. 吴清一. 我国青年网民社会意识形态分析［J］. 中国青年研究，2016（12）：45-49. HUANG Y X，WANG L. Political values and political trust in the digital era：how media engagement divides Chinese netizens［J］. International journal of sociology，2021，51（3）：197-217. WANG X T，TETSURO K. Nationalism and political system justification in China：differential effects of traditional and new media［J］. Chinese journal of communication，2021，14（2）：139-156.
② 中国学术调查数据资料库是由国家自然科学基金重点项目资助、中国人民大学中国调查与数据中心负责执行的经济与社会数据共享平台。网址：http://cnsda.ruc.edu.cn。

最终得到理性原则变量（克隆巴赫系数 = 0.783，$M = 3.28$，$SD = 0.55$）。

五是控制变量。控制变量包括人口统计学变量，如性别、年龄、家庭年收入、居住地区和教育水平，以及政治兴趣和传统主流媒体新闻消费行为。其中，性别为定类变量，年龄、家庭年收入、居住地区、教育水平均为定序变量。本文还将政治兴趣水平和传统主流媒体新闻消费进行了控制。政治兴趣水平（$M = 3.54$，$SD = 1.15$），其测量问题是"总体来说，您对时政类信息感兴趣吗？"，选项为 1（完全没兴趣）到 5（很感兴趣）。传统主流媒体新闻消费量表询问答题者通过以下渠道来获取时政类消息和评论的频率，题项包括：①央视、新华社、《人民日报》的时政分析报道（含微博及微信公众号）；②各地方电视台的时政新闻节目；③凤凰网、新浪网、腾讯等商业门户网站的时政新闻。选项为 1（几乎不使用）到 4（几乎每天都使用）。门户网站无政治新闻的采编权，其政治新闻的来源多为主流媒体，因而新浪网等门户网站的时政新闻通常被纳入传统主流媒体新闻消费的测量指标。这 3 个题项相加求均值，得到传统主流媒体新闻消费变量（克隆巴赫系数 = 0.680，$M = 2.69$，$SD = 0.71$）。

四、研究发现

为检验网络新闻消费对政治信任（H1）、公共和私下讨论（H2a & H2b）的作用，以及公共和私下讨论与政治信任的关系（H3a & H3b）及其中介效应（H4a & H4b），本研究通过 SPSS Process 宏（设置为 5000 个偏差矫正的重复抽样，95% 的置信区间）的模型 4 进行分析，结果如表 2（第 2—4 列）所示。由表 2 第 2 列和第 3 列可知，网络新闻消费可以显著地正向预测公共讨论（$b=0.530$，$SE=0.014$，$p<0.001$）和私下讨论（$b=0.402$，$SE=0.016$，$p<0.001$），H2a 和 H2b 因此得到支持。研究假设 1 期望网络新闻消费越多，其政治信任水平越低。表 2 第 4 列数据表明网络新闻消费对政治信任具有显著的积极作用（$b=0.063$，$SE=0.014$，$p<0.001$），H1 因此未得到支持。研究假设 3a 认为公共讨论越多，其政治信任水平越高。表 2 第 5 列数据显示公共讨论和政治信任之间呈正相关关系（$b=0.087$，$SE=0.017$，$p<0.001$），因此 H3a 得到支持。H3b 是对私下讨论和政治信任关系

的讨论。数据显示，私下讨论对政治信任水平存在微弱的负向影响（$b=-0.002$，$SE = 0.015$），但是在统计上并不显著（$p=0.936$）。因此，该数据表明私下讨论对政治信任水平没有显著的作用，H3b 未被支持。

表2　回归分析结果

		公共讨论 $b\ (SE)$	私下讨论 $b\ (SE)$	政治信任1 $b\ (SE)$	政治信任2 $b\ (SE)$
	常数	0.683***（0.069）	0.992***（0.080）	2.39***（0.068）	2.566***（0.221）
控制变量	性别（女性 =1）	0.054**（0.017）	0.012（0.020）	−0.030（0.017）	−0.011（0.017）
	年龄	0.002（0.005）	−0.015*（0.006）	−0.033***（0.005）	−0.038***（0.005）
	家庭年收入	0.011（0.007）	−0.001（0.008）	−0.022***（0.007）	−0.025**（0.006）
	居住地区	−0.002（0.009）	0.021*（0.010）	−0.004（0.009）	−0.015（0.009）
	教育水平	−0.009（0.008）	0.013（0.010）	−0.035***（0.008）	−0.042***（0.008）
	政治兴趣	0.023**（0.008）	0.074***（0.010）	0.004（0.008）	−0.028***（0.008）
	传统主流媒体新闻消费	0.139***（0.015）	0.113***（0.017）	0.313***（0.015）	0.280***（0.014）
预测变量	网络新闻消费	0.530***（0.014）	0.402***（0.016）	0.063***（0.014）	0.027（0.015）
中介变量	公共讨论				0.087***（0.017）
	私下讨论				−0.002（0.015）
调节变量	理性原则				0.019（0.063）
	公共讨论×理性原则				0.155***（0.029）
	私下讨论×理性原则				−0.045（0.027）
	R^2	0.379***	0.238***	0.182***	0.239***

注：呈现的数据均为非标准化系数和标准误差；*$p<0.05$，**$p<0.01$，***$p<0.001$。

公共讨论和私下讨论的中介效应检验结果呈现在表 3 中。根据 Hayes 的研究，当置信下限和置信上限不包括零时，认为达到统计学上的显著性（$p<0.05$）[①]。结果发现，公共讨论的中介效应值为 0.046（$SE=0.010$，95% $CI=$［0.028，0.065］），私下讨论的中介效应值为 -0.001（$SE=0.006$，95% $CI=$［-0.013，0.011］）。因此，仅公共讨论对网络新闻消费和政治信任的关系具有显著的中介效应，即网络新闻消费能够通过促进公共讨论提高政治信任水平，H4a 得到支持。然而，数据不支持私下讨论的中介作用，H4b 被拒绝。

表3　中介效应检验结果

中介效应检验	效应值	SE	LL 95% CI	LL 95% CI
网络新闻消费 -> 公共讨论 -> 政治信任	0.046	0.010	0.028	0.065
网络新闻消费 -> 私下讨论 -> 政治信任	-0.001	0.006	-0.013	0.011

注：LL=置信下限；CI=置信区间；UL=置信上限；自助抽样样本量= 5000。

为检验理性程度的调节效应，本研究采用 Process 宏的模型 14 进行分析，结果呈现在表 2 的最右一列。公共讨论与理性程度交互，能显著地预测政治信任水平（$b=0.155$，$SE=0.029$，$p<0.001$），即越理性的公共讨论越容易产生更高水平的政治信任（见图 2），故 H5a 得到支持。此外，私下讨论与理性程度的交互效应不显著（$b=-0.045$，$SE=0.027$，$p=0.092$），H5b 被拒绝。

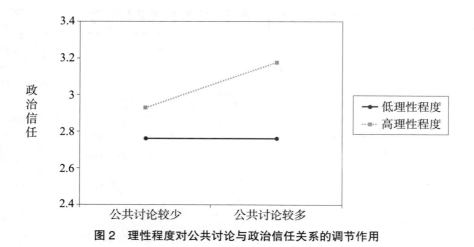

图 2　理性程度对公共讨论与政治信任关系的调节作用

① HAYES A F. Introduction to mediation，moderation，and conditional process analysis：a regression-based approach［M］. 2nd ed. New York：Guilford Press，2018.

五、讨论与结论

虽然学界普遍认为网络媒体使用会导致政治信任水平降低，但蓬勃发展的互联网日益渗透到人们的日常生活之中。如何引导网络新闻消费，使其转化为增加政治信任的重要力量，是值得研究的课题。本研究以政治讨论和理性程度为切入点，区分为公共讨论和私下讨论两种类型的政治讨论，并比较了这两种政治讨论与网络新闻消费和政治信任的关系，同时检验了理性原则如何调节政治讨论与政治信任的关系。研究发现，网络新闻消费同时与公共讨论和私下讨论正向关联，但是仅公共讨论能够显著地增加政治信任，私下讨论对政治信任的影响并不显著。理性程度能显著地增强公共讨论对政治信任的促进作用，即越理性的公共讨论越可能产生更高水平的政治信任。

首先，本文的发现在学理上支持了网络新闻消费对政治信任的积极影响，拓展了既有的研究视角。现有的研究普遍认识到了网络新闻对政治信任的负面影响，一些学者据此提出了建议。例如，梅萍和胡红生认为，要化解互联网对青年政治信任的冲击，有必要培育青年的公共理性精神[1]。杨文娟和李黎明则建议鼓励并支持民众利用互联网参与各类公共活动，进而培育社会责任感和政治信任感[2]。本文从公共讨论和理性程度的角度，证实了将网络新闻消费转化为政治信任推力的可能性，理性的公共讨论能够促使网络新闻使用对政治信任产生积极影响。

其次，本研究的发现丰富了现有关于政治讨论的研究内涵。现有的关于政治讨论的研究多数将政治讨论视作单一维度的变量，忽略了政治讨论的多样性。本文在以往文献的基础上[3]将社会空间理论引入政治讨论的研究中，首次明确区分了公共空间的政治讨论（公共讨论）和私人空间的政治讨论（私下讨论），并且分析了它们可能产生的不一样的政治效应。研究发现，网络新闻消费能够有效地促进公共讨

---

① 梅萍，胡红生.移动网络时代青年政治信任的境遇与应对［J］.思想理论教育，2017（12）：76-80.

② 杨文娟，李黎明.互联网使用如何影响政治信任？——理性选择和社会资本双重视角下的考察［J］.西安交通大学学报（社会科学版），2023，43（3）：131-141.

③ 张凌.公共信息接触如何影响不同类型的政治参与：政治讨论的中介效应［J］.国际新闻界，2018，40（10）：27-43.

论，进而增加政治信任，然而私下讨论对政治信任的影响并不显著。究其原因，一方面，公共讨论和私下讨论在讨论内容上存在差异。相较于私下讨论，在公共讨论中意见领袖、主流媒体常常把握对于重大社会事件和重大社会问题的话语权，他们能够作为主要的议程设置者，建构积极的政府形象，围绕公共利益传播主流价值观，引导和平衡民间舆论[①]，因此公众更能通过参与公共讨论增加其政治信任水平。另一方面，在参与对象上，公共讨论参与者众多且他们并不相互熟悉，参与者因而更容易受到群体压力的影响，更可能修正自己的观点，以和群体保持一致；而在私下讨论中，由于参与者较少且相互之间关系更为紧密，群体压力较小，参与者更能坚守自己的立场[②]。此发现从基于互联网平台的公共讨论和公共传播的角度，为如何促进中国政治文明中自发社会秩序的形成及多元共识的产生提供了实证经验[③]。

再次，本文的发现也为网络空间治理和全面发展协商民主提供了方向。理性是民主政治的重要前提，但近年来网络群体极化现象频繁出现，给理性公共讨论和民主协商带来了挑战[④]。虽然诸多学者在关于网络民主协商的研究中大力提倡理性程度，但长期缺乏关于它传播效果的实证研究。本研究表明理性的公共讨论更容易产生更高水平的政治信任，可能的原因是非理性的公共讨论更容易导致参与者退出公共协商，他们因而无法接收更多新的信息和观点，其态度也就越难改变，也就无法就社会的核心观点，如政治信任，达成共识。与之相反，越理性的公共讨论，越可能激发人们持续参与，在这个参与的过程中，他们接收新的信息，修正自己的立场，达成社会共识。倡导和鼓励理性的公共讨论因而显得尤其重要，在公共讨论中提倡宽容、克制、换位思考、讲逻辑及讲事实等原则是必要的，通过公共讨论达成的决策也具有更强的正当性和公共性，有助于提高政府权威、促进公民有序参与政治[⑤]。

---

① 童兵．关于当前新闻传播几个理论问题的思考［J］．新闻与传播研究，2013，20（1）：7-15，126.

② MOY P, DOMKE D, STAMM K. The spiral of silence and public opinion on affirmative action［J］. Journalism & mass communication quarterly，2001，78（1）：7-25.

③ 苏颖．中国互联网公共讨论中的多元共识：基于政治文明发展进程里的讨论［J］．国际新闻界，2012，34（10）：23-29.

④ 吴飞，徐百灵．自媒体话语实践中的观点极化与社会流瀑：对方方日记海外出版争论的个案分析［J］．新闻记者，2020（6）：37-46.

⑤ 闫文捷．作为公共传播的民主商议及其意义：一项针对浙江基层商议实践的问卷调查［J］．新闻与传播研究，2017，24（11）：12-33，126.

最后，本研究的局限性须予以说明。本文采用的是针对网民调查的二手数据，鉴于研究数据的时限，可能无法捕捉当前互联网环境的最新变化，因此需谨慎地推广本研究的结果与发现，后续的研究可改进问卷量表、扩大调查对象，捕捉当前互联网环境的最新变化。本研究采用横截面调查数据，难以进行严格的因果推断。虽然以往研究从理论和实证数据上支持了网络新闻消费对政治讨论和政治信任的影响，但今后的研究可以进一步通过跟踪调查检验其因果关系。本文对理性原则的测量是基于个体的自我评估和判断，可能存在主观性和误差，未来的研究可运用大数据分析等技术进行更客观的评估。

（作者艾民伟系厦门大学台湾研究院助理教授、硕士生导师；

作者张楠（通讯作者）系厦门大学新闻传播学院副教授、硕士生导师；

王琳斐、胡敏佳系厦门大学新闻传播学院硕士研究生）

信息增效与自治悬浮：基层治理视角下全科网格数字化的双重影响

——基于浙西南的田野考察

◇ 张璐璐

摘　要： 研究以全科网格为中介，考察数字行政对基层自治秩序的影响。基于对浙西南丽水市 FY 乡的参与式观察和对基层政府工作人员、村庄全科网格员的深度访谈，研究发现了数字化网格对地方治理的辩证影响。一方面，全科网格畅通了政民双向沟通的信息渠道，促进村务治理的行政化与规范化，并提升了便民服务供给质量。另一方面，信息赋权使基层社会形成了基于数字化技术的新的权力秩序，全科网格员的群众基础大于村委，村委的治村积极性下降，村民自治组织悬浮。在技术治理的热度下，应当警惕技术逻辑收编所引发的自治消解风险，划定植入技术基因的全科网格的治理边界。

关键词： 基层治理；全科网格；数字化；政务平台；政民沟通

"数字治理"指的是在与市民社会等互动时，政府运用信息技术，使政府行政和公共事务的处理程序便捷化和效率化，增强民主化程度的治理模式。[①] 近年来，我国对数字建设给予充分重视，随着 2018 年中央一号文件首次提出"实施数字乡村战略"，以及《数字乡村发展战略纲要》《数字乡村发展行动计划（2022—2025 年）》等政策陆续出台，全国各地区相继开启乡村数字化治理转型。数字治理的推进，依赖物联网、云计算、区块链、人工智能等信息化技术，其布局总体体现了通过技术、工具

---

① 黄建伟，陈玲玲 . 国内数字治理研究进展与未来展望［J］. 理论与改革，2019（1）：86-95.

和信息手段来建设服务型政府和善治政府的要求。根据《2023浙江省软件产业发展报告》，浙江省的数字化综合发展水平已连续四年位居全国首位。另外，浙江省的数字化改革已经触及乡村地区，全省基层治理通过布局"一张网"的形式实现整体治理。2017年，为推进基层治理现代化，浙江省明确提出要建设乡镇（街道）综治工作、市场监管、综合执法、便民服务四个基层服务平台（简称"四个平台"），以提升基层社会治理能力和服务群众的水平。与此同时，该省进一步提出把专科网格员变成全科网格员（以下本文的"网格员"指的是"全科网格员"），以对接"四个平台"建设，将相关社会管理服务事项全部纳入网格。整体而言，村庄全科网格员是为实现基层精细治理和技术治理而组建的，是政民沟通的中介，其在数字治理实践中离不开对政务平台系统、信息工作群等的使用，因此全科网格员天然植有技术基因。对于乡村全科网格的考察，有利于了解技术嵌入基层治理的效能。基于此，本文的研究问题是：以浙西南为代表的乡村全科网格员数字化的实践过程和图景如何？作为技术治理工具的全科网格设置给我国村庄治理带来了什么影响？

一、文献综述

（一）基层治理研究

乡镇政府作为我国行政管理体制的基础层级，是各项改革政策落实的前沿和关键环节。在加快推进国家治理体系和治理能力现代化的当下，基层治理呈现重心下移、资源下沉的局面，由此乡镇政府的公共服务职能得以扩张。此外，随着城市化的迅速发展和乡村地区的衰落，村民自治面临着治理主体缺失、自治缺乏经济基础等困境，脆弱的乡村治理无法应对国家资源大量投入带来的利益格局的变化。为了提升乡村治理能力，有效承接政府公共服务，村级组织原有的行政化趋势不断强化，村级组织的日常运行方式和管理越来越类似于政府部门尤其是乡镇政府，在这期间，乡镇政府还需处理村级组织反向上交的"剩余事务"，乡镇政府的负担进一步加大 ①。基于以上，在基层治理实践过程中，乡镇政府和村民自治容易产生矛盾。

---

① 李梅.新时期乡村治理困境与村级治理"行政化"［J］.学术界，2021（2）：87-96.

村民自治的价值在于：彰显基层社会的内在力量和主体性，是低成本的有效社会组织和治理形式，体现现代国家治理的基础①，村干部或村委所代表的村民自治委员会较大程度体现村民自治下的基层民主。传统治理更强调村干部在村治中的作用，其动力来自政府授权和村民民主投票选出的合法地位、个人利益驱动的资源获取等（尤其是江浙沪地区）②。如今，为了减少基层村干部腐败，以浙江为例，其采取"一肩挑"③的模式，实质上提升了乡镇政府的任免话语权，同时，村庄全科网格员与乡镇政府的过密接触及对村委的监督，易降低村干部的治理积极性。另外，近年来，我国的乡村治理从党建引领的村民自治转向党委统领的乡村善治，突出强调了多元主体共治布局，"协同治理"实践模式较为多见。乡村治理共同体的构建涵盖聘用干部、新乡贤、驻村干部、网格、技术等④，其中的治理效果各异。有学者考虑到部分外源性力量的过度介入，如技术、驻村干部等，可能会阻碍村庄内部主体对内生发展方面发挥作用，加大基层村民自治悬浮的风险⑤。

总体而言，由于各方面因素的加持，基层村民自治的风险表现为来自乡镇政府的裹挟。长期以来，基层政府和村民自治组织之间的关系相对复杂且备受关注，由于乡镇政府在国家治理结构中的地位和"上面千条线、下面一根针"的工作特性，常常使得乡镇政府对村委会进行强力制约⑥。在技术下乡的过程中，资源的分配调度和部门的再组织、绩效考核等往往都需要乡镇政府进行管理和把控，尤其是当技术治理作为中心话题和任务时，经常出现乡镇政府过度干预村治等情况。

---

① 徐勇，赵德健.找回自治：对村民自治有效实现形式的探索［J］.华中师范大学学报（人文社会科学版），2014，53（4）：1-8.
② 杜姣.村干部的角色类型与村民自治实践困境：基于上海、珠三角、浙江三地农村的考察［J］.求实，2021（3）：83-97，112.
③ "一肩挑"，即村党组织书记、村民委员会主任，以及村级集体经济组织、合作经济组织负责人由同一人担任，实施"一肩挑"的目标是实现党务、村务一起抓，农村工作全面管。FY 乡于 2021 年开始实行该制度。
④ 陈斌.组织嵌入视角下新乡贤有效参与村庄治理的机理探究：基于 S 村的个案研究［J］.中国行政管理，2022（4）：72-79.纪宁辉.协同治理：农村社区网格化有效治理的内嵌机制——以安徽省查湾村为例［J］.福建农林大学学报（哲学社会科学版），2021，24（3）：21-29.
⑤ 梁丽芝，赵智能.乡村治理中的农民主体性困境：样态、缘起与突破［J］.中国行政管理，2022（6）：151-153.
⑥ 金太军."乡政村治"格局下的村民自治：乡镇政府与村委会之间的制约关系分析［J］.社会主义研究，2000（4）：61-64.

（二）基层数字治理研究

数字治理本质上是一种整体性治理模式，植根于 Dunleavy 等提出的整体性治理理论。作为一种以公民需求为核心导向的管理方式，该理论聚焦于政府内部机构与部门间的紧密协作与资源整合，其核心是强调官僚制组织结构基础之上的信息技术支撑作用[①]，体现多元协同和技术支撑的治理思维。整体而言，数字治理是一个相对宏观的概念，在我国，数字治理包含数字城市、数字政府、数字市民社会等各方面内容。近年来，我国又提出了"数字乡村"的概念，体现了数字治理在实践方面逐渐下沉基层的趋势。目前，我国各地通过数字技术开展基层社会治理的模式有 3 种：一是"微信公众号＋网格管理"模式，这种做法相对较为普遍；二是"综合信息系统或政务服务网＋网格管理"模式；三是"综合信息系统＋综合指挥中心＋网格管理"模式。第三种模式最贴合数字治理的整体性治理理念诉求，目前已在浙江全省推进，且发展前景被相关学者看好[②]。

在具体实践中，数字治理有利于构建双向型基层治理链条和沟通链条（"自上而下"和"自下而上"），既便于进行治理任务分发和统筹，也有利于理解多元主体的发展诉求，得到治理反馈[③]。但是，基层也面临着被技术"绑架"的困境，基层工作者难以摆脱线上版文山会海、填报不完的智能应用及形式化的量化指标[④]。同时，还存在基层工作人员技术素养缺乏和农村老年人容易成为"数字遗民"的问题，导致产生软性治理不足的隐忧。此外，数据信息在收集过程中的隐私安全严重依赖收集人员的安全意识，信息使用不规范的现象经常发生[⑤]，尤其在同类平台重复性较高、部门间数据不流通时更为常见。

① 王立军.整体性治理研究：一种文本的解读——以人大复印资料转载为例［J］.云南行政学院学报，2018，20（2）：162-169.
② 郑春勇，张娉婷，苗壮.基层社会治理中的整体性技术治理：创新与局限——基于浙江实践［J］.电子政务，2019（5）：78-85.
③ 王文彬，王倩.基层治理数字化整体性转型：生态、逻辑与策略［J］.深圳大学学报（人文社会科学版），2022，39（5）：103-111.
④ 金晶，范炜烽.数字媒介在基层应用中的异化现象及其反思［J］.青年记者，2021（24）：47-49.
⑤ 宋海燕.乡村振兴背景下浙江省乡村数字治理的实践与优化路径［J］.农村经济与科技，2022，33（12）：146-148.

（三）基层全科网格研究

全科网格是基层数字治理的具体载体、中介和工具。网格化管理整合了特定时空背景下的人、物、资源、事件及管理对象，构建了一种综合管理模式，有效促进了基层社区组织与政府公共服务系统的深度融合。依托信息技术，网格化管理要求配置丰富的信息设备、加大资源投入，并配置完善的信息资产、网络架构及软件服务管理与维护体系[①]。在碎片化治理困境下，我国部分地区实现了由一般网格向全科网格的升级。农村全科网格则是依照"属地化、区块化、适度化"原则对基层网格进行全面整合，并以乡镇综合指挥室为龙头，在对接"四个平台"的基础上持续扩充服务内容与对象，在"多员合一、一员多用"的设置标准下，形成由网格党小组长、网格长、专职网格员、兼职网格员、网格指导员及志愿服务组织组成的"5+X"全科网格团队，在走访报送、平台协同、考核激励的过程中，逐渐形成一张适应基层公共需求的综合网络[②]。全科网格和以往的网格在制度属性和技术属性上一脉相承，但全科网格员的制度设计更为完善。一方面，网格制度将维稳作为首要目标，但忽略了"人"的存在感，网格员只是作为公权力进行嵌入，权力和当地内生关系失去关联，而全科网格化则实现从管理到治理的转型，多方协同做到了农村社区治理的互嵌共融。[③]另一方面，全科网格的设置也使基层政府进行职能转型，全科网格队伍成为其"影子政府"，政府权能得以在乡村渗透，由此，基层政府内部在责任分工、职责定位、资源整合、责任落实等方面更加清晰明确。[④]但是，发挥基层"影子政府"效应的专职化全科网格可能会对基层社会治理秩序产生双重影响，一是提供多元主体参与治理的创新路径，二是挤压基层村民自治的空间。[⑤]全科网格在实践中还存有一系列隐忧，如治理主体的法律属性尚不明确、网格队伍中学历文化和基层经验间难以调和的矛盾、队伍中退休老年人居多而年轻人积极性不高、基层治理任务繁杂与待遇较低之间的冲突、信息重复性采集的数据壁垒

---

① 李强.一种支持网格化管理的电子政务构架［J］.电子政务，2015（12）：55-64.

② 张新文，戴芬园.权力下沉、流程再造与农村公共服务网格化供给：基于浙东"全科网格"的个案考察［J］.浙江社会科学，2018（8）：65-74，157.

③ 宋晓潭.权力与关系视角下的农村社区网格化治理研究［D］.武汉：华中师范大学，2018.

④ 姜辉，董梦晨.全科网格的"影子政府"效应与基层社会秩序优化［J］.领导科学，2022（4）：120-123.

⑤ 汪锦军.基层社会秩序构建与"影子政府"的发展：基于浙江 X 区全科网格建设的分析［J］.中国行政管理，2020（4）：28-34.

问题等。^①

总之，在基层数字化治理研究中，较少学者关注到数字化和村庄自治悬浮之间的因果逻辑关系，大多研究会将基层政府过度干预与村庄自治直接关联，却缺少了对其间的中介机制研究。也鲜有研究关注全科网格设置对于村庄自治结构的影响。也即，即便有研究已经从理论上预测了数字工具的治理效能，但对具体载体及其实践缺少田野经验上的论证。因此，本文以全科网格为实体和出发点，将之作为技术和基层治理的关联要素。具体而言，本文从全科网格员数字化的角度，以个案探索的方式，理解其嵌入对基层信息的传递提速、便民服务供给增效及村庄自治过度干预的辩证影响。

二、研究方法

研究以参与式观察和深度访谈为主，研究者在 2022 年 7 月进入丽水市 FY 乡开展了为期 30 天的考察，访谈了 48 位对象，包括乡镇一把手、乡镇政府中层干部、各行政村的书记及村委、村民，了解了该乡全科网格员队伍的组建、工作内容、工作技能和素养、工作效果评价，以及村庄网格员与村民、村委和乡镇政府的关系等。另外，研究者在部分网格员的知情同意下，记录了其微信工作群的部分内容，并做隐私化处理。文中所涉及信息，都经过受访者同意以进行公开（受访者情况见表 1，由于篇幅限制，在此只列出一部分）。

表 1　部分受访者信息

受访者	性别	年龄	身份	受访者	性别	年龄	身份
HZC	男	35 岁	乡党委书记	CCJ	女	61 岁	PS 村妇女主任兼全科网格员
ZJ	男	42 岁	乡长	LQH	男	52 岁	PS 村网格员兼报账员
XLP	男	35 岁	常务副乡长	YSW	男	62 岁	PS 村监委主任
ZKJ	男	30 岁	副乡长	XSY	男	55 岁	PS 村"一肩挑"书记
ZXY	女	29 岁	团委书记	SYF	女	43 岁	KKY 村全科网格员兼会计

---

① 王益茅.基层全科网格化治理研究［D］.南昌：江西师范大学，2021.

续表

受访者	性别	年龄	身份	受访者	性别	年龄	身份
XSS	男	31 岁	绿色发展办公室主任	YJW	男	52 岁	ZAM 村"一肩挑"书记
ZY	男	26 岁	综合治理办公室主任	YSY	男	41 岁	ZAM 村全科网格员兼会计
XH	女	29 岁	安监员	JHB	男	52 岁	PS 村民宿店老板
WJD	男	30 岁	民政助理员	XJE	男	71 岁	XK 村村民
CK	男	30 岁	农技站站长	MLY	男	67 岁	KKY 村村民
LQL	女	45 岁	综合文化站站长	YYL	男	60 岁	PS 村村民

三、案例概况

FY 乡地处浙西南丽水市莲都区的山区地带，是国家级生态示范乡，全乡平均海拔 735 米，乡镇政府距离市区 58 千米。[①] 在区政府所辖的所有乡镇、街道中，其海拔最高、位置最为偏远。[②] 该乡内辖 8 个行政村，41 个自然村，常住人口仅约 1300 人，空心化和老龄化较为严重。在 2008 年以前，当地村民依靠伐木生意致富，而后该地被设置生态红线以"禁伐""育林"。因其山地地形难以大规模耕种，不宜发展农业，村民便需要通过其他途径获取收益，如在宁波市、丽水市等从事保安、物流运输或餐饮服务行业，同时也有部分村民沿袭传帮带和家族经营的形式在国内外开超市的传统。另外，受子代教育、婚姻压力的影响，当地村民选择以代际合力的方式在当地的市县地区买房。据多位村民反映，目前该乡有 80% 的人在外面拥有房产。FY 乡被视为"康养高地"，因此如今还留在该乡的多为居家自养的 60 岁以上的老年人。同时，该乡辖区内所有村民都享有对山林等集体资产的收益，因此其他村民也偶尔会回到村中。总体说来，该乡形成"产居分离"（居住地和田产、林产相分离）的生活模式，增加了社会生产和生活的治理复杂度和难度。

在调研期间，在区政府的统筹规划下，FY 乡主要为山下 BH 新城的打造进行指标让位，具体是：①要通过"大搬快聚"实现人口迁移，8 个行政村预计最终只

---

① 从市区边缘到该乡镇政府，需 2 个小时的车程（要经历 338 个大弯）。地势带来的交通不便是限制该乡发展的主要原因，也是推进人口搬迁的重要动力。

② 当地相关数据来自副乡长 ZKJ 和农技站站长 CK。

留下乡镇政府所在地 PS 村和乡内主干线上的 XZ 村（已搬走 1138 人，2022 年搬迁 1750 人）；②区内每个乡镇输送 20% 的干部给 BH，以扩充当地人力资源。近年来，该乡在指标让位和权力下放的影响下，乡镇政府在承担多条线工作前提下又被加压，而此时，全科网格员的设置则有利于责任分担。作为"空心乡"，FY 乡的老年人口居多，同时 80% 的人口住在山下，而山上人口居住分散，信息垂直向下传递强依赖网格员面对面对接的传达行动力。另外，大量老年人和特殊人群也急需网格员的上门（代理）服务。

FY 乡全乡共 8 个行政村，调研期间，每个行政村下还有 2—3 个未整村搬迁离乡的自然村。据此，每个行政村设置为一个网格，每个网格设置一个网格长，23 个自然村各有一个全科网格员。全科网格员日常负责信息摸排和信息报送，主要与"四个平台"对接，该乡数字治理形成"一个综合信息指挥室 + 四个平台 + 全科网格"体系。网格员一般是之前的代办员、护林员或会计，年龄集中于 60 岁以下，由村里竞聘上报，村"两委"将候选人名单交予乡政府审核通过。乡镇政府则定期对全乡网格员进行技能培训，尤其是数字化操作技能。

四、研究发现

（一）技术基因：全科网格作为"四个平台"的配套设施

作为制度设计体系"一个综合信息指挥室 + 四个平台 + 全科网格"的重要组成部分，全科网格工作先天被嵌入技术基因，作为数字基础设施"四个平台"的配套而存在（据禁毒办工作人员 ZY 解释，乡镇政府综合信息指挥室的监测大屏由于运营成本和维护成本较高，已被停止使用，因此该乡的技术治理主要依靠网格员与政务平台的对接）。

1. 信息与服务：全科网格工作的核心内容

2017 年，浙江省为推进治理现代化而推行四个平台建设（综治工作、市场监管、综合执法、便民服务），并设置全科网格。全科网格员在其间起"传感器"的作用。基层事务往往琐碎而繁多，而每个自然村的网格员要负责村中村民基础信息登记、社保信息上报、山河湖林信息巡视与上报、矛盾纠纷的调解、疫情防控登记与动员……这些信息全部需要录入相应信息系统，以与乡镇政府进行对接或等待职能部门于期限内解决。信息化的总流程应该是"问题发现—记录上报—解决—记录"，但实际上，问题的解决主要是靠全科网格员自己（网格员 CCJ、YJW）。"我发现了干线有塌方，上报的时候上面说让我先自己找办法做标记，把道路清理干净，把碎石处理掉。"（网格员 LQH）总体来说，其工作特点是做到对辖域的全覆盖、全天候、零距离负责。

除了信息录入，全科网格员还是村庄的"服务者"，其角色是灵活多变的，可以是文化管理员（负责组织文化活动）、护林员（负责巡查森林防火）、代办员（负责代办银行业务）、销售员（负责通过电商销售滞销农产品）、巡视员（负责巡视危房、河湖）……尤其是对于以老人居多的"空心乡"来说，特殊群体在信息接收和事务办理等方面对于网格员的上门服务需求较大。例如，63 岁的 MLY 因为要照顾外甥，平日里和老伴居住在外乡，家中留有将近 90 岁的老母亲和堂弟一起居住，"我们村里的网格员 SYF 对老人很上心，帮助老人去城里买药，还经常去家里看望老人"（KKY 村村民 MLY）。党委副书记 QPF 认为全科网格员的设置利于及时排除隐患，在村庄安全巡检方面作用显著。其提及了 2 个案例：一是 80 多岁的老人在烘笋干时，因机器操作不当导致多间连排房被火烧毁，幸亏网格员及时发现并消除了火情；二是一位老人私自焚烧秸秆，导致在风向改变时大火烧向部队营区，老人试图钻进火中灭火时被网格员及时发现并解救出来。可以看出，伴随着劳动力大量流出、农村老龄化加剧、社会力量衰落，全科网格的设置成为农村社会的刚需。

2. 微信与政务平台：全科网格员的数字实践

FY 乡政府的每个职能部门都有一个以上的信息系统，于此承接任务的每个底层网格员在手机中下载了每条线所要求的应用装置，这些技术设备的反复启用极大地侵入了网格员的私人生活。网格员 CCJ 反映，"很多人都有两部手机，只有一部的话，就算下班了，回家后各种信息都会弹跳出来，给人很强的压迫感"。为了防止工作信息和私人生活信息混合，也为了避免错过重要工作通知，所有的网格员都不得不配备 2 部手机。另外，由于平台众多（见表 2），且每个系统在登录时的密码不能重复，因此无论乡镇工作人员还是村中网格员都会自己专门准备一个笔记本，以保存各个设备的登录密码。即便如此，调研中发现，经常出现网格员在登录时密码多次输入错误的情况，"每次登录都很费劲，10多分钟才能登录进入系统"（网格员 SYF）。

ZAM 村的网格员 YSY 埋怨，"做网格（员）就是报数据，太烦了，往返于各个系统填报数据就像小学生做作业一样，语文半个小时、数学半个小时……六七门课多占用时间啊"。其心声代表了 FY 乡大多数全科网格员的想法，这一抱怨源于网格员日常不得不花费大量时间在不同层级的平台上重复填写信息。YSY 同时还是村里的会计（PS 村等多个村庄的网格员都是由会计兼任的），他负责的系统包括：三资方面的小微权力平台、三资系统、阳光票决，民政方面的低保低边系统，社保方面的医疗系统、养老系统、浙里保系统、两性安康保险系统、小额系统。就网络报账流程而言，网格员每次都需在三个平台依次序重复填写信息（"阳光"是区级平台，其他则是省级平台）。在三资系统，10 万元以上的申报数额需要 10 个相关人员（乡镇政府工作人员、村委、"一肩挑"书记）签名；小微权力平台一般设置 16 个步骤，而大型项目则需 18 个步骤；阳光政务的流程是村委表决通过，登记同意和弃权人员，继而需乡政府有关部门人员签字，待审批同意后进行公示，再录入系统，"倘若中间名字错了一个字，那就得从头再来，重新找 10 多个人签字"（YSY）。在网格员看来，最麻烦的工作是房屋系统信息的录入，因为还需上传每栋待修缮房屋的经纬度、不同角度的外观图片……类似的碎片化、公务化任务既体现了数字化背景下基层精细化工作的风格，也增加了网格员的业务压力并考验了网格员的耐心程度。

表2　PS村网格员LQH手机上的微信群和工作平台

微信群（群聊名称）	平台系统（系统名称）
FY 乡农小收费工作群、"农三资"管理能力提升（第二期）、FY 乡全科网格员群、莲都区防违控违系统交流群、FY 文化礼堂管理群、基础数据统计、莲都区就近就业创业联盟、FY 乡退役军人优待证办理工作群、PS 村网格防火工作群、FY 乡三资办、FY 乡民政工作部署、FY 乡网格组长群——共享法庭、全科网格工作群……	浙江省基层公权力全程在线审批应用（丽水市基层小微权力运行平台）、浙江省农村集体经济管理系统、全国房屋建筑和市政设施调查系统、浙江省农村房屋信息管理系统、浙江省基层防汛防台风应用、网格日报、耕地智报场景应用、地灾智防、浙政钉、浙里办、浙江省林业局空间管理平台、浙江省地理信息公共服务平台……

3. 规范化与透明性：全科网格工作的行政化

我国村级治理行政化的重要表现是村级事务的行政化与治理方式的规则化。[①]

① 刘丽娟. 村级治理行政化形成机制、治理绩效及路径重构［J］. 湖北社会科学，2021（7）：32-40.

数字化使得村务工作变得渐趋行政化，有网格员认为自己"像个公务员"（网格员 YSY），村中所有的人、物、事相关信息都录入系统中，信息的寻找和查验都可找到依据，村务工作变得规范化和透明化。规范化和透明化对于一些涉财工作有重要意义，如低保申请和三资（农村集体所有的货币资金、资产和资源）的审批登记，其所有的审批程序都需要在平台上按步骤完成，具体流程如图 1 所示。这一流程需要多主体按次序协作完成，相应的行动者包括村庄报账员、乡镇财务部门、村书记、村"两委"等，每一步都需在系统中导入发票或加盖公章的说明、负责人签字等的照片，做到有迹可循和有据可依。而且报账进程由系统自动提示，若导入图表不合格，则无法进入下一步程序。

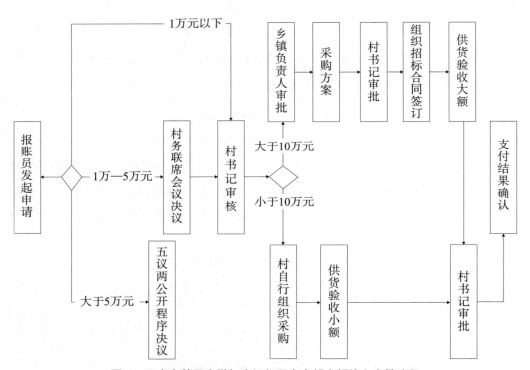

图 1　丽水市基层小微权力运行平台大额小额线上审批流程

数据录入和规范化审查有效提升了全科网格员的工作价值感。数字化之所以能在我国东部地区率先实现治理效能且在已有网格设置的基础上不断强化，是因为东部经济发达地区的村庄融生产和生活功能于一体，但中西部地区的村庄只是作为生活单元，较难获取外部经济效益。在浙江地区，更多企业、工厂在村庄落地，或者村庄承办较多资源型项目。据乡党委书记 HZC 介绍，目前 FY 乡的项目有公路加宽、美丽宜居、卫生院、居家养老、高标准农田建设项目等，绝大多数项目是直接与村庄对接，因此村庄集体资金的合理化使用备受重视。除了三资审批，低保申请过程中前期的信息摸排也依赖网格员的初步审核，工作者对申报信息和入户信息进行比对，以抵制错保和骗保行为。由此，全科网格员的工作形成对村委的制约和监督，有利于促进基层廉政建设。

（二）信息赋权：全科网格作为政民沟通的中介

在基层治理中，相较于乡镇政府和村民自治组织，全科网格员的信息优势在于，其不仅对国家和本地中心任务的相关政策和具体规定相对熟悉，而且还了解村中集体资产、村中事务，尤其是每家每户的详细信息。在这种信息优势中，网格员获得乡镇政府的直接授权，同时，在与村民频繁的服务性接触中，由于人情积累，使其能够在村庄中获得声望型社会资本。如此，在与乡镇政府和村民的双向信息沟通和服务中，网格员的隐形权力实际上把村民自治组织架空。

1. 上向沟通：作为"影子政府"的全科网格

全科网格实质上是基层政治权力的延伸。根据汪锦军的介绍，村庄网格员是作为"影子政府"而存在的，其含义是，大量雇员通过市场化的方式被政府雇用，他们在名义上不是公职人员，但政府通过劳务派遣等方式，使其在基层承担着税务、城管、警察、安全等方面的辅助管理和信息采集功能。[1] 总体来讲，在权力下沉的背景下，基层政府权力的有限及责任压力的外溢，促使其积极寻找责任的分担者，帮助其处理大量碎片化问题，如此，政府职能效力得以延伸，事权也被进一步下放给村庄网格员。目前，当地的老年优待证、生育登记、社保业务等 92 个事项均已下放到位。[2] 在此工作接收过程中，网格员可以通过平台系统将信息上传，也可以通过微信群将通知下发，不只是乡级微信群，村庄网格员也可以直接进驻区级信息群，对于部分工作，村庄网格员可以直接和区级的条线部门对接（如按群里要求转发区级就业联盟发布的就业信息等，但对于重要工作，网格员还是主要和乡镇政府直接对接），如此就降低了以往层层传达方式所带来的信息折损和时间沟通成本。

---

① 　汪锦军 . 基层社会秩序构建与"影子政府"的发展：基于浙江 X 区全科网格建设的分析［J］. 中国行政管理，2020（4）：28-34.

② 　莲都全科网格员助力"最多跑一次"进田头 证照也送上门［EB/OL］.（2017-08-15）［2024-09-02］. https://mp.weixin.qq.com/s/tTTBxrNPJj0jRxQ2YhmwGQ.

除了在平台系统方面与乡镇政府的工作联系，网格员还可以通过非正式沟通渠道为基层政府提供关于村庄发展规划的建议。FY 乡从 2021 年开始采用村书记和村主任"一肩挑"的模式，在这期间，乡镇政府的话语权增大，但如何能有效保证选举出合适的村委班子呢？就此，乡镇政府通过咨询网格员进行推荐或评议，以了解候选人的能力、德行和群众基础。网格员的建议影响了村庄的公共秩序。另外，在与乡镇政府的沟通中，工作出色、文化素质较高的年轻网格员也能够得到额外的发展机会，乡长 ZJ 坦言："对于优秀的网格员，比如 SYF，我们会考虑将其纳入乡镇政府来工作。"如此，便实现了网格员的信息优势向政治资本的转化。KKY 村网格员 SYF 是另外一个例子，"我在高中辍学了，其实是很想继续读书的，乡镇政府知道后给予我支持并进行了入学推荐，我之后可能有机会进入乡政府工作"。

2. 下向沟通：作为村委替代品的全科网格

全科网格员是村庄的"传感器"，对村庄的大事小情全部掌握，尤其是在疫情期间，对每家务工者的去向、经济收入、联系方式等都熟记于心，对村庄和村民的熟悉程度甚至远高于村干部（调研中发生的一个小插曲是，在询问村庄近期基本情况时，ZAM 村的村书记 YJW 难以回应，而一旁的网格员 YSY 则对答如流）。ZD 村的村干部有一半以上都不在村里，平均每周只回村一次，在被问及原因时，"网格员上报的东西已经很多了，网格员做的一些东西我们并不太懂，也做不来，他们把所有事情都做完了，我们就觉得不必回村了"（ZD 村村书记兼村主任 YJL）。或许是考虑到网格员对村委的监督作用，以及网格员对其以往工作职责的分摊甚至主导，该乡部分村干部对村务显出一些懈怠，村委的行政性剩余作用集中体现在决策性表决。此外，网格员现在承担了以往属于村民小组长的工作内容，村民小组长的存在感降低。

网格员的设置有利于对村庄精英进行吸纳和利用。该乡的网格员一般是村庄能人，在村庄具有较高社会文化资本，在此基础上可以作为村委或乡镇工作者的预备役。全科网格员尽管没有行政性实权，但正在不断积累信息权力，信息正成为社会资本和政治资本的重要来源，由此，网格员和治理精英有望实现循环转化。除此之外，精细化服务往往能得到村民更多认可，及时响应村民的需求，如给没有智能手机和健康码的老年人开具证明以方便其乘坐公交车，或者为其跑腿买药、上门代办银行业务……整体而言，FY 乡镇政府和村民对网格员的工作态度和服务质量较为满意（乡镇政府的 ZJ、XSS，村民 YYL、XJE）。

五、讨论

当前，乡村治理体系创新工作的全面推进，网络社会的日益成熟和治理技术手段的持续升级，以及乡村内部治理需求的增长与外部压力的双重作用，正合力促使乡村治理方式逐渐摆脱碎片化状态，向整体化治理模式转型。这一过程基于乡村治理实践的自然演进，利于提高治理效率和效果。但这一过程可能会因过度构建行政权威而扰乱基层社会的内生运行机制。周雪光在对国家治理体系内的权威构建与高效治理机制进行分析时，阐明了决策统一性与执行机动性之间的微妙平衡[1]，这表明判断国家治理效能的关键在于中央集权与地方自主管理之间的博弈和互动。其间，行政权力的向下延伸与地方自治机制的适应性调整，同样遵循着类似的逻辑轨迹：行政下沉作为强化国家社会治理能力的必然举措，其必要性不言而喻。然而，在权力自国家核心层面向基层治理逐级传递的过程中，不可避免地会受到监管范围与能力的限制，难以实现对所有层级事务的精细化和全面化规划。尤为重要的是，若对自治领域内的事务进行过度干预，可能会削弱自治组织在处理相关行政事务时的自主决策权与灵活应变能力，进而对整体治理体系的效率与反应速度产生不利影响，最终制约治理效能的整体提升。本研究中体现最明显的是由代表国家行政权力的数字化网格与乡村社会自主治理之间的复杂关系。

全科网格员数字化的核心在于其信息性，服务性也以信息性为基础，即全科网格员的定位首先是村庄的"传感器"，将村庄中有效性的人、事、物信息进行存档记录，传达给乡镇政府，进而作为国家职能部门的底层数据；在信息传递的过程中，为减少行政成本，基层政府激励网格员自身解决掉所发现的碎片化问题，由此网格员实现服务功能。作为基层乡镇政府的"影子政府"，网格员同时承担着延伸的政府权力，在基层场域中，由于相对无限的服务而得到村民赋予的隐形权力，增加了成为村镇后备干部的可能性。然而，全科网格设置所提供的信息和服务有将村民自治组织架空的风险。一方面，完全数字化流程办事意味着基层的过度行政化，

---

① 周雪光.权威体制与有效治理：当代中国国家治理的制度逻辑 [J].开放时代，2011（10）：67-85.

导致以往村庄政治在村委治下的内生治理逻辑发生改变，以往"小事不出村"的常态变成了大事小事乡镇全可兜底的状态——全科网格员通过平台将村庄大事小情垂直传递，乡镇政府进行全科统领。这就意味着村治完全透明化，基层政府对村治的监督进一步加强，村委组织失去了自主行动的弹性空间。另一方面，网格员的实际工作内容远多于村干部，对村庄的熟悉度也远大于村干部，其得到的广泛认可度远高于村干部，村民将对村治的期待由村干部转向全科网格员，网格员由此得到社会声望资本，而村干部逐渐失去群众基础。

这在一定程度上体现了信息技术逻辑对于政治治理逻辑的收编和征服，二者有着鲜明的区别。技术意味着规范性、规则化、普适性，是去地方化的，纯粹技术治理所对应的对象应当是规范化的。[①] 自治制度的合法化优势则在于其治理时的地方化和灵活性，但农村社会以血缘和地缘为基础[②]，关系性强但规范化并不明显，若以技术逻辑为主导，则可能会引发当地人情割裂的混乱局面。从人员上讲，尽管全科网格员和村委一样，皆为当地村庄的精英和能人，但网格员的工作逻辑以信息传递逻辑为主，缺少规划和发展的治理经验，并不具备作为治理主体的结构属性和法律属性。因此，尽管基层社会的信息和服务效率被提升，但原有权力秩序被扰乱，基层自治组织制度优势被消解，是村庄长期健康发展的忧患。由此，应当明确植入技术基因的全科网格员的角色定位和实践限度。

总结

本文探索了先天带有技术基因的全科网格员在基层治理中的双重影响。一方面，网格员通过微信群和政务平台使信息能够在村民和基层政府间高效流动，在实践中使村务操作流程行政化和规范化，并在信息传递的基础上增加提供便民服务的效能，由此实现了信息层面的增效。另一方面，网格员信息传递的全面性和行政化也使村民自治被乡镇政府透明化监督，村民自治失去自主化弹性空间，网格员在服务中获得群众基础，最终村民自治悬浮化，有自治之名而无自治之权。因此，在基

---

① 苏力. 送法下乡：中国基层司法制度研究［M］. 北京：北京大学出版社，2011：141.
② 欧阳静. 从"驻村"到"坐班"：基层治理方式的嬗变［EB/OL］.（2012-02-13）［2024-11-12］. https://www.zgxcfx.com/uploads/article/41641.html.

层协同治理的面向上，应当明确全科网格员的角色和定位，并控制好技术介入村治的限度。

本文的局限在于，我国不同区域间农村社区的发展存在显著差距，浙江省凭借其数字化改革已走在全国基层治理模式创新性探索的前列，这可能导致其在技术嵌入治理方面的程度与其他地区有所不同。此外，本文所选取的案例是浙西南地区的一个"空心乡"，其内部的人口构成、关系网络及组织模式相较于其他乡镇呈现出一定特殊性。最后，未来研究可进一步探索基层社会如何针对制度做出适应性调整，以明晰数字行政和自治间复杂的互动机理，如此方可确认数字化网格嵌入基层社会时对本土秩序造成的实际影响。

（作者张璐璐系浙江大学传媒与国际文化学院新闻传播学博士研究生）

国际政治传播研究

多维之镜：基于海外视频平台的中国形象空间异构与情感共振*

◇周　莉　朱霜莉

摘　要： 社交媒体中国家形象的视频化传播已经成为提升国家形象、增强国际话语权的重要途径。运用国家形象 4D 模型对海外视频平台 YouTube 中的涉华视频进行分析发现：一是视频化的中国形象呈现出塑造空间的异构；二是其在传播效果上成功引发了国际受众的情感共振。由此，中国视觉形象的海外传播完成了由时间断裂向空间异构的转向，其在视频内容选择和表现手段上形成了相对稳定的缀合，但其传播效果仍然受到东方主义媒体框架和多元化现实语境的双重影响。

关键词： 海外视频平台；中国形象；维度塑造；传播效果

引言

以社交媒体为代表的技术媒介正在成为影响国际权力结构和世界局势的重要力量①，重构着全球信息流动的图景与国际社会的交往规则。更值得关注的是，随着社交媒体表达由可读文本向可见影像的加速转变②，国家形象的媒介化也越来越普遍地

---

* 本文系国家社会科学基金一般项目"情绪传播视角下网络社会心态的生成机制与治理策略研究"（项目批号：23BXW025）阶段性研究成果。

① 夏瓦，刘君，范伊馨 . 媒介化：社会变迁中媒介的角色［J］. 山西大学学报（哲学社会科学版），2015，38（5）：59-69.

② 杨琳，李佳欣 . 影像·符号·重塑：短视频与城市形象传播——基于西安城市形象"网红"化的分析［J］. 中国新闻传播研究，2020（4）：30-45.

"被把握为图像传播问题"[①]。在社交媒体中，国家形象的视频化呈现能最大限度地跨越国际传播中的文字障碍与文化隔阂，同时与当前的传播生态和受众心理良好适配，从而成为提升国家形象、增强国际话语权的重要途径。

近年来，中国形象在海外视频平台上的传播取得了显著成效，引发了研究者的多方关注，这些研究大致呈现三个面向。其一，主体化面向。这类研究从形象塑造的发布主体出发，选择具有代表性的视频创作文本并分析其传播特征[②]。其二，事件化面向。这类研究主要针对某一类事件或某一主题生发的热点视频，具体分析热点事件中的中国形象建构[③]。其三，功能性面向。这类研究重点关注如何借助中国形象的塑造，进而优化公共外交、宣传中国主张、促进产业合作和国际贸易往来等[④]。以上研究为考察中国形象的视频化传播提供了不同的切入点，但既有研究在样本选择上更重视头部创作者或热点事件中的视频，由此所得出的结论未能全面而准确地反映海外视频平台所建构的中国形象。此外，就视频化传播与国家形象的关系而言，以往研究的考察呈现散点化的趋势，缺乏对二者关系的规律性总结和常态化探讨。

基于以上现实和理论背景，本研究借鉴国家形象测量的 4D 模型对影响最大的海外视频平台——YouTube 上的涉华视频进行全面考察，以期回答以下问题：其一，从整体上来说，海外视频平台呈现了何种中国形象？其二，这种形象是通过何种视频化手段建构的？其三，海外视频平台的中国形象建构取得了何种传播效果？考察以上问题有助于明晰中国形象在海外视频平台的传播图景，从而更全面地把握当下国际传播的新态势，寻找中国形象海外传播的突破口。

① 李红. 图像中的国家形象：基于视觉框架的考察［J］. 新闻大学，2022（3）：22-32，117-118.
② 秦静，倪虹悦. YouTube 涉华气候变化视频对中国国家形象的表征［J］. 新媒体与社会，2022（2）：138-149.
③ 田方，戴运财. YouTube 平台中国生态文明形象媒介传播效果评估研究：以"野象北迁"新闻报道为例［J］. 未来传播，2022，29（4）：89-102.
④ 张举玺，王琪. 论新公共外交视域下中国网红对国家形象构建的作用：以 YouTube 平台中国网红李子柒为例［J］. 新闻与传播评论，2021，74（5）：108-120.

一、文献综述

（一）国家形象测量的 4D 模型

国家形象的复杂内涵对其概念测量的准确性提出了挑战，为了实现对国家形象的整合性测量，捕捉国家形象的多元维度，Buhmann 和 Ingenhoff 从传播管理的中观层面提出了国家形象的 4D 模型（见图 1）。[①] 这一模型将国家看成一种组织类型，通过系统化传播在利益相关者心中树立良好的形象，最终实现维护组织信任和利益的管理目标。基于这一逻辑，研究者将史密斯的国家身份概念创新性地架构在企业声誉模型中。前者提出国家包括六个基本属性和特征：历史形成的领土、共同的神话传说和历史记忆、共同的大众文化、所有成员共有的法律权利和义务、共同的经济、政治共同体[②]。后者则将产品对象划分为功能性、规范性和情感表达三维结构。[③] 4D 模型将国家身份概念中经济和政治范畴的国家属性映射到企业声誉模型的功能性判断中，将法律规范和价值观的国家属性映射到规范性判断中。为了提高模型的连贯性和综合性，4D 模型还开辟了一个新的维度，即审美性判断，表示一个国家的领土、传统历史和公共文化属性及其特征。4D 模型保留了情感性判断作为对一个国家的总体情感。由此，国家形象的 4D 模型融合了社会心理学、经济学、传播学和政治学等多个学科视角，实现了对国家形象跨学科、跨领域的综合测量指标体系建构。

[①] BUHMANN A，INGENHOFF D. The 4D model of the country image：an integrative approach from the perspective of communication management［J］. International communication gazette，2015，77（1）：102-124.

[②] SMITH A D. National identity［M］. Reno：University of Nevada Press，1991：9.

[③] EISENEGGER M，IMHOF K. The true，the good and the beautiful：reputation management in the media society［M］//ZERFASS A，RULER B，SRIRAMESH K. Public relations research：European and international perspectives and innovations. Wiesbaden：VS Verlag für Sozialwissenschaften，2008：125-146.

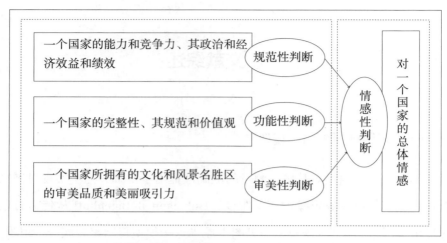

图1 国家形象4D模型（Buhman & Ingenhoff，2015）

4D模型因具有较强的阐释力和可操作性，已在国家形象的研究中得到了广泛应用。Kim将4D模型应用于YouTube中韩国相关视频的研究中，发现风靡的韩国流行文化主导着受众的认知走向，塑造着审美与时尚资源丰富的韩国形象。Ingenhoff等运用4D模型对瑞士的国家形象进行维度测量，并以此为基础探讨在国家形象构建中刻板印象因地理位置不同而产生的复杂作用机理。[①] Xu等从国家形象4D模型中推导出商业、产品、管理等23个变量，发现德国的国家形象塑造受到政治同质性、新闻文化和平台可供性等因素的影响。[②]

综上，4D模型对国家形象测量的可操作性和有效性在前期研究中得到了验证，从而成为国家形象研究的通用性模型。因此，本研究也将借鉴4D模型作为理论基础和测量工具，考察海外视频平台在不同的主题和情感维度呈现了何种中国形象。

（二）中国形象的视频化传播

作为国家形象研究的传统理论视角，自塑和他塑也常被国家形象视频化传播研究采用。在自塑视角下展开的国家形象视频化传播研究，重点关注具体媒介实践中的传播经验，以期为我国塑造良好的国家形象提供有效策略。赵宴群等发现，李子柒视频走红海外的底层逻辑在于其实现了生产者的形象生产与接收者的意义重构之

---

① INGENHOFF D，SEGEV E，CHARIATTE J. The construction of country images and stereotypes：from public views to Google searches［J］. International journal of communication，2020（14）：22.

② XU Y，MARTIN L. Multimodal framing of Germany's national image：comparing news on Twitter（USA）and Weibo（China）［J］. Journalism studies，2021，22（16）：2256-2278.

间的有机统一。① 张超指出 CGTN 等主流媒体应当重视裂变传播、文本再造、圈层运营的理念，从技术、用户、叙事等多层面讲好中国故事。② 以他塑为视角进行的国家形象视频化传播研究则将焦点集中在我国国家形象塑造所面临的困境，试图在与他者的对话中寻求共通的意义空间。有研究发现，"今日俄罗斯"塑造了一个政治高度契合与灾害事件频发的双面中国，而 BBC 的视频化传播则刻画了一个古代文化繁荣和近代社会动荡的冲突中国③。

在研究路径上，以往研究较多采用内容分析和文本分析的方法对国家形象相关的视频样本进行研究。何天平等提出，视觉主题识别、文本层次分析、文本背后的意识形态话语揭示是分析国家形象的三个层次。④ 在涉及文本主题的分类探讨中，多数研究将主题分为政治、经济、文化、社会和地理。⑤ 在视频文本的层次分析中，研究者着重从视频风格、人物、音乐、画面、色彩等进行视频化特征的分析。⑥ 除了内容分析的类目建构，前期研究还沿着"元素—框架—逻辑"层层递进的路径，对中国故事的类型和叙事策略进行归纳。相德宝等研究发现，在华外国人在社交媒体平台以"在场者"、"中国通"和"评论员"的角色，分别形成"见证""阐释""反驳"三种故事化框架，从而建构中国形象。⑦ 蔡雨耘以盖姆森的框架理论为基础，结合隐喻、短句、案例、视觉影像等元素对文本进行分析，并深层次剖析视频创作的传者逻辑。⑧ 王润珏等通过对 YouTube 上中国仙侠剧的美学和文化元素分析，总结故事讲述的表层叙事框架和底层叙事逻辑。⑨

① 赵宴群，杨嵘均. 网络图像时代的文化传播：李子柒视频走红的文化传播理论分析［J］. 学海，2020（5）：199-206.
② 张超. 打造国际一流新型主流媒体海外社交化传播理念与策略：以 CGTN 在 YouTube 的实践探索为例［J］. 电视研究，2022（4）：92-95.
③ 陈欢. BBC 纪录片《中华的故事》对中国形象的建构［J］. 青年记者，2016（32）：79-80.
④ 何天平，宋航. 作为"国家相册"的话语实践：框架分析视野下抗疫纪实影像对中国国家形象的建构［J］. 当代传播，2022（2）：46-50，102.
⑤ XIANG D. China's image on international English language social media［J］. Journal of international communication，2013，19（2）：252-271.
⑥ 沈霄. "看"中国：作为"他者"的国家形象建构——基于 Facebook "中国文化"系列短片的文本分析［J］. 西安交通大学学报（社会科学版），2019，39（5）：146-154.
⑦ 相德宝，曹婷. 超越"自我"与"他者"：在华外国人短视频讲述中国故事独特叙事范式研究［J］. 广西师范大学学报（哲学社会科学版），2022，58（6）：94-105.
⑧ 蔡雨耘. "他者"视角下的中国故事框架分析：以《歪果仁研究协会》为例［J］. 传播力研究，2018，2（15）：35-36.
⑨ 王润珏，辛安怡. 元素、框架、逻辑：叙事学视域下的中国故事讲述策略——从我国仙侠剧在 YouTube 平台的流行谈起［J］. 中国新闻传播研究，2021（5）：207-221.

由此，在运用国家形象 4D 模型对视频内容进行分析的基础上，本研究还将对海外视频平台涉华视频的不同发布主体及其故事建构，以及涉华视频的表达方式等进行细化分析，以期考察中国形象视频化传播的内在差异。

（三）国家形象在社交平台的传播效果

对于国家形象在社交平台的传播效果测量，对于发布内容的点赞量、评论量及观看量等用户网络足迹进行分析是研究者常用的路径。[①] 进一步研究表明，传播者特征、传播内容及其表达方式等是影响社交平台上国家形象传播效果的重要因素。刘建萍等基于 YouTube 和 TikTok 平台中的评论分析，发现来自发布主体之间的互动与博弈是影响中国国家形象的重要因素。[②] 周庆安等从 LIWC 中提取出 13 个情感参数作为 PAD 模型中的子维度，对推特文本进行情感分析，并进一步发现信息的内容和情感显著地影响着政治传播效果。[③] 程思琪等利用机器学习的方法对李子柒视频的评论进行情感极性分析、情感体验类型分析和聚类分析，以此评估跨文化的传播效果，发现海内外观众双重情感体验的产生与共振是实现良好传播效果的重要条件。[④] 张梓轩等对 YouTube 上中外合拍影片的评论进行语义网分析，发现社交平台上的用户评论丰富着国家形象他塑的新意涵，不同影片的修辞要素影响着国际用户对中国形象的认知。[⑤]

基于前期研究的基础，本文将海外视频平台中涉华视频的观看量及其评论的情感极性作为测量单个视频传播效果的指标，并进一步考察发布主体、视频内容维度和表达特征等因素对传播效果的影响，以探寻中国形象海外传播的效果机制和提升路径。

---

① 徐翔. 中国文化在视频自媒体的传播效果及其影响因素分析：基于 YouTube 的样本挖掘与实证研究 [J]. 北京邮电大学学报（社会科学版），2016，18（5）：1-7.
② 刘建萍，罗江. 短视频中的国家形象及其建构：基于海外用户的调查分析 [J]. 现代传播（中国传媒大学学报），2022，44（12）：154-160.
③ 周庆安，宁雨奇. 唤醒、愉悦与支配：情感作用下的推特政治传播路径重构 [J]. 现代传播（中国传媒大学学报），2020，42（11）：53-59.
④ 程思琪，喻国明. 享乐感与幸福感：跨文化传播中的"直通车"模式构建——基于李子柒短视频评论的分析 [J]. 新闻大学，2022（5）：36-49，119.
⑤ 张梓轩，商俊. 国家形象多重塑造中的信誉与情感证明：基于中外合拍片英语评论的语义网分析 [J]. 现代传播（中国传媒大学学报），2020，42（5）：127-131.

二、研究方法

（一）样本选择

本文选择海外最大的视频社交平台 YouTube 进行样本采集，以 China、Chinese、中国 34 个省级行政单位和 333 个地级市的英文名称，共计 369 个关键词在 YouTube 上进行搜索。采集每个关键词下观看量超过 10 万的视频，共计 4971 条。在此基础上进行样本清洗，删除其内容与中国国家形象无关、评论量为零及重复的视频，最终获得有效视频 4460 条。在确定视频样本后，根据 YouTube 对评论与其所属视频相关程度的排序，按照相关度从高到低爬取每条视频下的前 1000 条评论，得到视频评论约 183 万条。对评论样本进行清洗，剔除仅包含符号、表情及内容不完整的评论，得到有效评论条数约为 158 万条。

（二）内容分析

本研究的内容分析从视频的内容特征、视频化表达特征和发布者类型三个方面展开。

基于国家形象的 4D 模型，将视频内容的主题层次分为功能性判断、规范性判断、审美性判断三个类目，将 4D 模型中的情感性判断操作化为每个主题类目对应的情感属性。通过对视频的标题、简介和画面内容进行梳理，在主题层次的三个一级类目下设置二级指标 6 个、三级指标 17 个，在情感层次下将涉华视频对中国的态度划分为积极、中性和消极（见表 1）。

表 1　主题编码指标

4D 维度	二级指标	三级指标	编码释义
功能性判断	政治组织	国际关系	以中国为行为主体的外交事务和关系
		国内政治	中国共产党及中国各级政府治理国家的政策和行为
		军事力量	中国武装力量的数量、质量、规模和现代化程度等

续表

4D 维度	二级指标	三级指标	编码释义
功能性判断	国民经济	人民生活水平	与人们的收入水平和消费水平相关的物质和精神生活水平
		行业状况	农业、工业、服务、娱乐、金融、科技等行业的状况和发展前景
		宏观经济发展	有关国民经济的活动和运行状态
		国际经济交流	国家之间以贸易、投资等方式建立的合作与交流
规范性判断	规范和价值观	社会风貌	中国的社会热潮、现象、风气和面貌
		社会冲突	社会主体之间由于需要、利益、价值观念的对立而引起的冲突行为
		道德与法律规范	调节个体之间、个人与社会之间关系的理念与准则
		国民价值观	国民所接受的共同观念，体现为民族性格、国民素质、精神面貌等
审美性判断	公共文化	文化艺术	精神创造活动及其产品，包括文字、流行音乐、戏剧、民俗音乐等
		体育	利用精神或肢体活动来达到娱乐、竞技和休闲目的的活动
		民俗	传统节日、仪式、美食等中国民间的风俗习惯
	传统历史	历史	对事件、人物、古迹、遗址等有关中国过去事实的记载
	地理	旅游	在人文或自然景观中游览、观光、娱乐的活动
		地理和生态环境	由自然要素组成的环境和生物生存环境
情感性判断	积极		视频对中国持正面态度
	中性		视频对中国持中立态度
	消极		视频对中国持负面态度

在视频化表达特征方面，根据前期文献和样本特征，本研究从叙事视角、视觉风格、音乐三个方面进行了类目建构。叙事视角按照学者热奈特的观点划分为零聚焦叙事、内聚焦叙事和外聚焦叙事。零聚焦叙事指视频的叙事者站在上帝视角，其所呈现的信息大于视频人物所知信息，并且走入人物的内心，发表观点和看法；内聚焦叙事指叙事者知道的和人物一样多，只陈述自己知道的事情，通常是事件的亲历者；外聚焦叙事指叙事者置身事外，客观地对事件进行观察和呈现。[①] 视觉风格指视频整体从视觉上带来的心理感受和冲击，包括所选画面的颜色、细节、深度、色调等表层特征及

---

① 热奈特．叙事话语／新叙事话语［M］．王文融，译．北京：中国社会科学出版社，1990：9.

深层的隐喻表达。[①] 本文将视觉风格确定为温暖明亮、中性自然、暗淡阴沉三个指标。温暖明亮和暗淡阴沉分别代表正向和负向的视觉隐喻，中性自然代表记录写实的视觉隐喻。受众具有在音乐中感知形象的能动性，且通过音乐与传者进行情感交流[②]，因此视频配乐也是视频化表达特征的重要组成部分。本文将视频音乐分为有配乐和无配乐。有配乐的视频通常传递着某种情感，无配乐的视频一般不表达立场。

在发布者的类型方面，根据社交媒体平台的属性，本研究将其分为主流媒体、普通用户、意见领袖三个指标。主流媒体指在 YouTube 平台入驻的传统媒体或电视新闻节目，意见领袖为粉丝数大于 10 万的 YouTube 博主，其余的视频发布者均划分为普通用户。

本研究由 8 位新闻传播专业的编码员完成视频编码任务。在正式编码之前，抽取 10 个视频样本进行编码训练，根据编码情况进行类目调整，再次编码后采用霍斯提（Holsti）编码公式检验，测得编码员间的平均信度为 0.87，具有较高一致性。

（三）文本分析

在内容分析基础之上，为了进一步挖掘样本视频的细节和故事类型，本研究对视频文本进行详细的观察，包括叙事视角、视觉风格、声音语言、图像符号等，并结合视频标题、视频简介、关键词等相关内容，由表及里地分析、比较和总结中国形象的视觉叙事特征，挖掘并解读涉华视频在不同主题维度中的故事隐喻。

（四）情感分析

本文通过识别视频对应的评论所包含的情感倾向，以考察中国形象视频化传播的效果。利用 LIWC-2022 软件对一条视频下的每条评论进行情感识别，并对未能识别出隐含情感的评论进行人工矫正。LIWC 识别情感的取值范围为 0 到 100，数值越小表明评论表达的情绪越负面，数值越大表明评论包含的情感越正面。对一条视频下的所有评论情感得分取均值，作为该条视频所引发的情感倾向。YouTube 中涉华视频评论的情感均值为 48.74，最低得分为 1，最高得分为 99，中位数为 45.87，标准差为 15.23。

① RODRIGUEZ L，DIMITROVA D V. The levels of visual framing［J］. Journal of visual literacy，2011，30（1）：48-65.
② 唐崇维、王正中、黄君 .YouTube 平台 CaseyNeistat 频道 Vlog 视频的生产策略分析［J］.电视研究，2020（12）：77-80.

三、研究发现

（一）海外视频平台对中国形象呈现的维度变奏

运用国家形象 4D 模型对 YouTube 平台上的中国形象进行分析发现，在总体上，审美性判断的视频数量占比最高，且其在情感维度上也最为积极。在审美性判断中，涉及中国传统节日、仪式和美食的民俗主题数量最多，且呈现显著的积极情感偏向（见图 2）。这些视频多以个体作为传递中国文化的具身媒介，对中国的传统美食和节日习俗进行视觉化表达，传递出对中国文化的兴趣和认可。但功能性和规范性判断中的视频却呈现出显著的负面情绪。在功能性判断中，国内政治和国际关系最受关注且情感最为消极，台湾问题和中美摩擦是该类视频关注的焦点。在规范性判断中，社会冲突相关的主题最为显著，这类视频大致聚焦于两个方面：一是地质、气象等自然灾害造成的社会影响与应对方式，二是由社会矛盾造成的群体性事件和社会暴力事件。

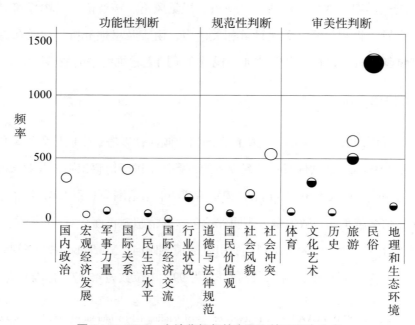

图 2　YouTube 上涉华视频的主题和情感层次分类

注：圆圈的大小代表视频的发布数量，圆圈越大表示该主题下的涉华视频越多。圆圈的填充程度代表视频的积极情感占比，圆圈填充越满表示该主题下涉华视频的情感越正面。

　　通过对 YouTube 上发布涉华视频的主体分析发现，不同发布主体的地域和身份特征使其发布内容呈现多重张力。其一，发布主体间存在自塑和他塑的张力（见图3）。通过对视频发布主体所在地的 IP 识别发现，来自中国（包含大陆和港澳台地区）的涉华视频数量最多，且所持的总体情感较为正面。而来自其他国家所发布的涉华视频数量远少于中国，且情感基调较为平衡或略显负面（新加坡除外）。在来自中国的视频中，审美性判断占比最高（67%），这反映出中国通过制造文化符号不断丰富在国际舆论场的意义阐释手段，从而形成自塑对他塑的对冲机制。其二，发布主体间存在着地缘政治和媒介话语之间的张力（见图3）。与前期研究中美国新闻报道对中国持负面情感不同的是[①]，在本研究样本中，来自美国的涉华视频情感相对平衡。这可能是因为相比主流媒体，YouTube 的社交和娱乐属性更为突出，庞大的用户生产内容在一定程度上挤压了美国主流媒体的话语表达空间。值得关注的是，与中国在地缘上最为接近的印度，其发布涉华视频的情感却最为负面，这也体现出国家利益博弈在社交媒体场域的渗透。其三，中国形象塑造的主体间张力还来源于发布者的类型。意见领袖发布的涉华视频最多，且集中于审美性判断，呈现显著的正面情感（见图4）。与之形成鲜明对比的是，各国主流媒体发布的涉华视频数量少于意见领袖发布的涉华视频数量，且视频多聚焦于功能性判断，情感基调具有显著负面性。

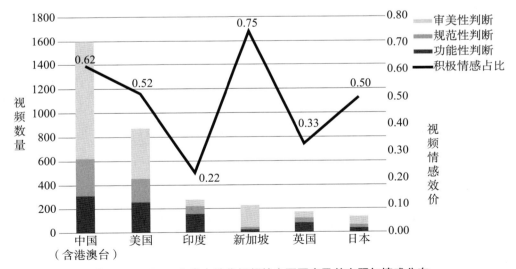

图3　YouTube 上发布涉华视频的主要国家及其主题与情感分布

① 王莉丽，张文骁. 美国媒体报道与中国形象建构：以《华尔街日报》为例［J］. 现代国际关系，2021（8）：18-24.

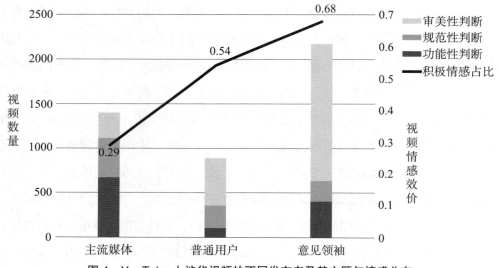

图 4　YouTube 上涉华视频的不同发布者及其主题与情感分布

（二）海外视频平台上的中国故事隐喻

在功能性判断的涉华视频中，中国发布的视频数量占比 26.34%，其他国家发布的占比 73.66%。来自中国的涉华视频中，中国高精尖科技所取得的进步强化着"大国重器"的形象。太阳能无人机、港珠澳大桥竣工、无人驾驶公交车等视频焦点成为探视中国科技与制造的具象化窗口。在其他国家发布的视频中，中国被描绘成"冲突的挑起者"，特别是在台湾问题与中美关系中，"中国版图""军事备演"等具有标志性的符号画面在此类视频中被反复引用，突出中国政治局势的紧张。此外，由于东西方意识形态的差异，部分来自海外的涉华视频带有偏见地对中国政策进行解读，赋予施策者"强权专横"与"政治压迫"色彩。在海外发布的涉华视频中，中国形象不仅陷入西方的政治包围中，也落入经济衰退的圈套。在此类视频中，中国国内需求和消费大幅下降，旅游业和房地产行业疲软、银行贷款危机等是中国经济衰退的主要表现。

在规范性判断的故事类型中，中国发布的涉华视频数量占比为 32.4%，其他国家发布的占比为 67.6%。在该主题下，中国发布的涉华视频直接亮明爱国主义的精神和社会主义核心价值观。这类视频多借助快闪的形式展现各个阶层和不同年龄段的人物群像，或以个体化的影像叙事承载中国价值观的意义传导。在其他国家讲述的中国故事中，来自自然灾害和事故灾难的社会安全威胁是突出的表现类型，社会热点冲突性事件的负面影响被扩大。这类视频不断堆加灾难爆发时刻的混乱场面，并伴随轰然刺耳的声响，以极具渲染性的视听符号给受众塑造着中国"不安全"的认知。同时，他国发布涉华视频所反映的压力事件和结构性矛盾，突出表现在社会焦虑和教育压力两个方面。996、007、"躺平学"、内卷、emo 等隐喻表达着中国个体身处的困境。我国传统的教育模式也在与西式教育的冲突中受到质疑，高考重压下的教育焦虑和失衡问题突出。

在审美性判断中，来自中国和其他国家发布的涉华视频数量占比分别为 54.35% 和 45.64%，不仅表现出数量上的均衡，而且所呈现的故事类型也较为一致。在自然恬静的田园故事中，以李子柒为代表的民间个体成为中国对外传播的名片。他们身处远离工业城市的田园当中，以慢节奏的生活展演满足了国际公众对中国文化的异域化想象。[①] 讲述中国包容、多元文化的故事从外籍人士的视角展开，他们以在中国的文化经历和居住日常作为主要拍摄内容。例如，歪果仁研究协会记录自己生活在中国的衣食住行，在融入中国文化的同时也能够保持其文化独立性，从侧面反映出中国"各美其美、美美与共"的文化理念。在刻画地域特色的故事中，呈现了中国南北方及各少数民族的生活习惯与差异。在对中华美食的探秘旅程中，受众跟随叙事者的视角感受着饮食文化中蕴含的中国传统文化的亲和力。在对山川名胜的展现中，多数视频以航拍的开阔视角和配乐塑造出身临其境的感受。总的来说，在审美性判断维度下的中国故事多以微观的跨国人际传播生态促进了情感传递[②]，促进了国际公众对中国的文化认同。

（三）中国形象的视频化塑造

通过对不同主题的涉华视频进行视频化表达特征的分析发现，其在叙事视角、视觉风格和音乐上均显示出显著差异（见表 2）。首先，在视频的叙事视角中，审美性判断多采用内聚焦叙事，这类视频多是博主本人出镜，采用第一人称的呈现方式，直接体验中国的风土人情和民俗文化。功能性判断和规范性判断的视频则偏向于外聚焦的叙事视角，此类视频通常采用事实性的陈述风格，以打造客观中立的视

---

① 姬德强.李子柒的回声室？——社交媒体时代跨文化传播的破界与勘界［J］.新闻与写作，2020（3）：10-16.
② 李鲤.赋权·赋能·赋意：平台化社会时代国际传播的三重进路［J］.现代传播（中国传媒大学学报），2021，43（10）：60-64.

角。其次，在涉华视频的视觉风格中，审美性判断的视觉化表达以温暖明亮居多，中国食物的特写、自然风景的航拍画面、特定节日习俗的符号等审美意象，从视觉上集中表达着中国文化的内涵和意蕴。功能性判断和规范性判断的视觉风格多为中性自然，采用记录写实的画面和场景，弱化视觉符号的表征。最后，审美性判断的涉华视频较多具有配乐，舒缓轻松、紧张急促、悲伤低沉等不同的听觉要素影响着受众观看视频时的中国形象感知，而功能性判断和规范性判断大多没有配乐。这从总体上反映出，叙事视角、视觉风格和音乐等视频化表达手段的综合运用与不同主题的内涵是相匹配的。

表2　YouTube上不同主题层次涉华视频的表达特征

视频特征	指标分类	主题层次			卡方检验
		功能性判断	规范性判断	审美性判断	
叙事视角	零聚焦叙事	372（31.8%）	253（27.2%）	302（12.8%）	$\chi^2=1205.419^a$ $P<0.01$
	内聚焦叙事	119（10.2%）	130（14.0%）	1472（62.4%）	
	外聚焦叙事	680（58.1%）	547（58.8%）	585（24.8%）	
	总计	1171（100%）	930（100%）	2359（100%）	
视觉风格	温暖明亮	108（9.2%）	81（8.7%）	1537（65.1%）	$\chi^2=1821.136^a$ $P<0.01$
	中性自然	991（84.6%）	607（65.3%）	778（33.0%）	
	暗淡阴沉	72（6.2%）	242（26.0%）	44（1.9%）	
	总计	1171（100%）	930（100%）	2359（100%）	
音乐	有配乐	267（22.8%）	339（36.5%）	1413（59.9%）	$\chi^2=471.541^a$ $P<0.01$
	无配乐	904（77.2%）	591（63.5%）	946（40.1%）	
	总计	1171（100%）	930（100%）	2359（100%）	

    通过对不同情感倾向的涉华视频进行视频化表达特征的分析发现，表达积极和消极情感的视频在表达特征上形成了强烈反差（见表3）。一方面，积极情感的视频多采用内聚焦的叙事视角、温暖明亮的视觉风格及富有感染力的配乐。这类视频中个体化的情感表达强烈，出镜人物向受众直接表露和传达着自身的主观情感，同时调动各种视听元素共同突出对中国的积极情感。另一方面，消极态度的视频则多采用外聚焦叙事和中性自然的视觉风格，且多无配乐。此类视频中，叙事者保持置身事外的态度，重点通过现场的画面拍摄和收录的环境音呈现事件发生的核心要素，隐含着负面的情感偏向。

表3　YouTube上不同情感层次涉华视频的表达特征

视频特征	指标分类	情感层次			卡方检验
		积极	中性	消极	
叙事视角	零聚焦叙事	346（14.5%）	199（22.3%）	382（32.6%）	$\chi^2=1030.307^a$ $P<0.01$
	内聚焦叙事	1431（59.8%）	189（21.1%）	101（8.6%）	
	外聚焦叙事	616（25.7%）	506（56.6%）	690（58.8%）	
	总计	2393（100%）	894（100%）	1173（100%）	
视觉风格	温暖明亮	1608（67.2%）	86（9.6%）	32（2.7%）	$\chi^2=2029.238^a$ $P<0.01$
	中性自然	761（31.8%）	746（83.5%）	869（74.1%）	
	暗淡阴沉	24（1.0%）	62（6.9%）	272（23.2%）	
	总计	2393（100%）	894（100%）	1173（100%）	
音乐	有配乐	1484（62.0%）	302（33.8%）	233（19.9%）	$\chi^2=624.021^a$ $P<0.01$
	无配乐	909（38.0%）	592（66.2%）	940（80.1%）	
	总计	2393（100%）	894（100%）	1173（100%）	

（四）中国形象视频化传播的效果分析

通过对不同影响因素对涉华视频对应的评论语气和观看量进行多元方差分析发现，涉华视频的主题层次、情感倾向及视频化表达特征显著影响了评论语气，但对观看量的影响并不显著（见表 4）。在主题层次中，审美性主题的涉华视频评论语气均值为 55.09，在最大限度上得到了受众的正面情感反馈。在情感层次中，持有积极情感的涉华视频评论语气均值为 55.22，显著高于持有消极和负面情感的视频评论。在视频化特征中，温暖明亮及有配乐的涉华视频更加能够激发受众的共鸣从而促进认同。与此形成对比的是，视频发布主体的属性特征对观看量具有显著影响，却对评论语气并未产生显著影响。其中，意见领袖所发布的涉华视频具有最高的关注度，观看量均值为 204.98 万。这说明，在 YouTube 平台中可通过增强发布账号的影响力来提高涉华视频的传播力，实现信息对用户的触达，但在此基础上要进一步减少认知偏差以实现中国形象认同，则需要综合考虑内容维度和视觉表达手段的整体架构。

表 4　涉华视频传播效果影响因素的多元方差分析

源	因变量	III 类平方和	自由度	均方	F	显著性
修正模型	评论语气	338111.731[a]	27	12522.657	79.685	.000
	观看量	11172156645538304.000[b]	27	413783579464381.600	1.644	.019
截距	评论语气	1288996.183	1	1288996.183	8202.272	.000
	观看量	1007988893059846.500	1	1007988893059846.500	4.006	.045
主题层次	评论语气	8429.935	2	4214.967	26.821	.000
	观看量	176078199777263.720	2	88039099888631.860	.350	.705
情感层次	评论语气	17591.905	2	8795.952	55.971	.000
	观看量	150124906027959.030	2	75062453013979.520	.298	.742
叙事视角	评论语气	839.499	2	419.749	2.671	.069
	观看量	918157685381386.600	2	459078842690693.300	1.825	.161
视觉风格	评论语气	2130.429	2	1065.214	6.778	.001
	观看量	321965231701730.440	2	160982615850865.220	.640	.527

续表

源	因变量	III 类平方和	自由度	均方	F	显著性
音乐	评论语气	12169.674	1	12169.674	77.439	.000
	观看量	5321522203189.592	1	5321522203189.592	.021	.884
发布主体属性	评论语气	386.737	2	193.369	1.230	.292
	观看量	2220584699198121.000	2	1110292349599060.500	4.413	.012
情感层次 * 主题层次	评论语气	6937.904	4	1734.476	11.037	.000
	观看量	641997213391009.200	4	160499303347752.300	.638	.635
情感层次 * 叙事视角	评论语气	7358.006	4	1839.501	11.705	.000
	观看量	237073202682526.030	4	59268300670631.510	.236	.918
情感层次 * 视觉风格	评论语气	1696.394	4	424.098	2.699	.029
	观看量	295727450706859.250	4	73931862676714.810	.294	.882
情感层次 * 发布主体属性	评论语气	5282.604	4	1320.651	8.404	.000
	观看量	6300869567921588.000	4	1575217391980397.000	6.260	.000
误差	评论语气	696493.706	4432	157.151		
	观看量	1115167355443803650.000	4432	251617183087500.800		
总计	评论语气	11632144.647	4460			
	观看量	1138708077172539390.000	4460			
修正后总计	评论语气	1034605.437	4459			
	观看量	1126339512089341950.000	4459			

注：*代表交叉效应。

通过进一步考察情感层次与主题维度、叙事视角、视觉风格、发布主体属性的交互效应发现，YouTube 涉华视频的情感基调与评论语气呈现同频共振的传播效果（见图 5 至图 8）。对于积极情感的视频，其评论也更多呈现积极情感；对于消极情感的视频，其评论也更多呈现消极情感。这种情感共振效应在不同因素叠加时，仍然显著且稳定。但经细致考察以上交叉效应发现，其在情感空间内部存在着某种失调。首先，在不同的主题分布中，中性情感的涉华视频在审美性判断中引起的评论语气更为积极，而在功能性判断与规范性判断中则产生了负效应（见图 5）。这反映了国际公众对中国的认知存在刻板印象，也从侧面说明文化可以作为我国对外传播的突破口，着力提升中华文化的传播力和影响力，将有助于增进国际社会认同。其次，温暖明亮的视觉风格提升了包含积极与中性情感视频的传播效果（见图 6）。这反映出视频化特征能够影响受众对于中国形象的直观感知，选择和呈现具有正向表征的视觉元素，跨越了抽象文字的解码过程，可以作为当下国家形象视频化传播中迅速快捷的手段。最后，采用内聚焦的叙事视角与来自意见领袖的涉华视频削弱了积极情感所引发的同频效应（见图 7、图 8）。这可能是因为在本研究的样本中，意见领袖多为中国的博主，其发布的视频也多采用内聚焦的叙事视角，这些视频多缺少精细的内容策划与后期制作，且包含大量中文同期声和环境音，增加了海外受众的接受难度，影响了其感官体验，从而削弱了内视角下临场化的传播效果。

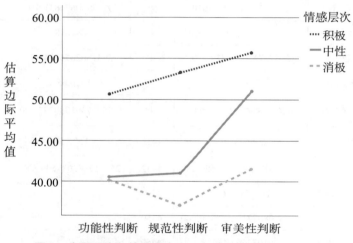

图 5　主题层次与情感层次交互作用示意（评论语气）

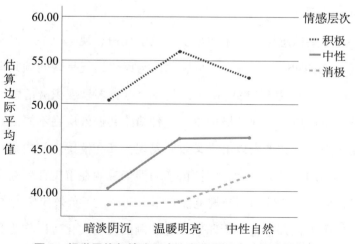

图 6　视觉风格与情感层次交互作用示意（评论语气）

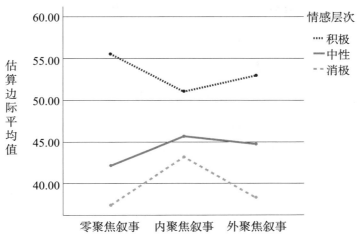

图 7　叙事视角与情感层次交互作用示意（评论语气）

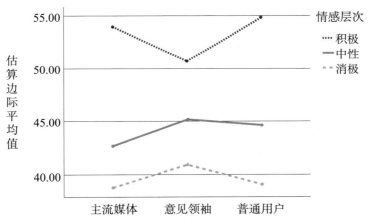

图 8　发布主体属性与情感层次交互作用示意（评论语气）

四、结论与讨论

本研究借助国家形象 4D 模型这一整合性的视角，对 YouTube 上中国形象的生产和传播机制进行了考察。研究发现中国形象在内容主题的呈现上存在着明显的区隔，视频化特征对主题和情感层次的作用机理显著，并在进一步的评论分析中发现中国形象的视频化传播与国际受众之间实现着情感的同声相应。总体来说，海外视频社交平台的中国形象呈现出空间异构的塑造图景与情感共振的传播效果。结合国家形象视频化传播的现实状况和研究发展，以下对本文的研究发现进行进一步探讨。

中国视觉形象的国际传播经历了从时间断裂到空间异构的历程。在较长的历史纵深阶段里，国际社会看待中国的眼光与态度出现了某种断裂。20 世纪前后，西方国家主导着塑造中国视觉形象的规则和尺度，中国形象困于西方的"文明冲突论"中。在一些漫画和影像记录中，文明悠久的中国被呈现为一个"神秘、残忍、混乱"的异域国度。其后，意识形态话语的差异成为中国形象再次被丑化的重要原因。随着国际局势的深刻变革和国内改革开放的有序开展，我国经济建设成就突出，国家实力逐渐强盛，此时西方发达国家的"中国觉醒论"与"中国威胁论"论调甚嚣尘上①。如今中国以现代化的面貌登上了世界舞台，中华文明突破了愚昧落后的桎梏，以博大精深的姿态进入国际视野，但中国形象面临着多维空间的异构。其一，中国形象的空间异构表现在涉华视频发布主体中。一方面是中国与他国的话语争锋，中国正在以国家文明及其显性话语实现着国际舆论场的空间占有②，且在不同主题中自塑和他塑的力量博弈呈现着动态发展。另一方面是国际主流媒体与民间话语的舆论冲突，与国际官方话语对中国的政治打压形成显著差异的是，意见领袖和普通用户以更为贴切的视角关注中国的文化面貌。其二，透过国家形象 4D 模型的坐标分布可以捕捉到中国形象的主题和情感异构。审美性判断是海外社交平台中最受关注的主题，且刻画着最为正面的中国形象。与之形成鲜明对比的是，规范性判断和功能性判断的受关注度较弱，且呈现的中国形象较为负面。

在中国形象的视频化传播中，主题内容与视听语言显示出清晰的缀合纹理，形成了相对统一的表征模式。一方面，功能性判断和规范性判断的涉华视频深嵌于中国的社会肌理中，呈现着充满现实观照的表征模式。此类视频多采用外聚焦叙事、中性自然的视觉风格并且没有配乐的视频化表达组合，"客观、中立、现实"是此类涉华视频着力向受众传达的认知起点。另一方面，审美性判断的涉华视频厚植于中国传统文化中，故事的表现手段则发展为强烈渲染和凸显个性的表征模式，"主观、情感、浪漫"地将受众带入充满东方文化艺术与文明基因的场域。形成这两种视频化传播的表征方式具有一定的历史因素和现实缘由。一方面，在有关中国政

① 周云龙. 西方的"中国崛起论"：话语传统与表述脉络［J］. 国外社会科学，2012（6）：20-27.
② 赵贺，鞠惠冰. 话语空间与叙事建构：论突发事件国际舆论场域中的中国话语权［J］. 现代传播（中国传媒大学学报），2020，42（12）：51-55.

治、经济和社会的形象认知中，国际舆论依赖长期以来西方媒体所设定的路径，因而具有认知惯性。在整体看似类似于中性的报道中采用带有负面意味的事件碎片和画面元素，利用视觉修辞手段传递深层意义，以此推动受众的认知转向[①]。另一方面，在国际社交平台上活跃的中国文化视频，多从博主本人视角出发体验食物或风俗旅程，渗透着独特的中国情怀与共通的人类情感[②]。中国对外传播中的文化转向与故事叙说搭载社交媒体迅猛发展的契机，二者的相遇碰撞出流动性的情感空间，从而形成了国家文化传播的新表征。

社交媒体上的中国视频化形象为受众打造了以情感共振为纽带的空间，但在集体情感内部存在着某种失调。从整体来看，包含积极、中性、消极情感的涉华视频引起的传播效果逐渐减弱。这是因为 YouTube 用户更倾向于接触带有文娱特质和情感袒露的视频内容，审美性判断所包含的积极情感最为明显和充沛。创作者通过搭建媒介情景激发情感因子，推动个体的情感诉说与集体的在场陪伴同生互构、同频共振，社交媒体引起的情绪涤荡成为搅动国际舆论场的余波。在此基础上，本文通过对更为细化、更具情境化的传播效果考察发现，中国形象的国际化传播所引发的情感传递并非刺激 – 反应式的单线条链，而是受到多种复杂元素的影响。相较于在审美性主题下情感流动的表层舆论而言，根植于受众认知框架和国际刻板印象的深层舆论影响共鸣的产生[③]。这在功能性判断和规范性判断的议题当中体现尤为明显，以政治紧张、中美矛盾、安全威胁等作为议题的切入点，把中国作为冲突的行为主体。这种解读视角与圈层壁垒实际上强化了国际受众对中国形象认知的特定路径，不断深描着一个充满威胁与阴谋的中国形象。

本研究通过对海外视频平台上中国形象传播的全方位、全流程分析开拓了空间化及整合性的国家形象观，丰富了国家形象研究的视角，基于本研究的发现可以为国家形象的视频化传播提供两点借鉴。其一，主动出击，实现舆论突围，从而形成我国的国际话语优势。中国是 YouTube 上发布涉华视频最多的国家，因此可以借助自塑这一重要的塑造力量，联动其他发布主体，实现议题的引导与聚焦。其二，以

---

① 黄晓勇，薛翔.西方三大通讯社的中国主题摄影作品：视觉修辞的视角［J］.现代传播（中国传媒大学学报），2020，42（3）：101-106.

② 戴鑫，马永超，金子越，等.国际社交媒体上的中国食物旅程叙事策略及效果研究：基于 YouTube 平台的大数据分析［J］.新闻与传播研究，2023，30（2）：68-89，127-128.

③ 喻国明，杨雅，颜世健.舆论战的数字孪生：国际传播格局的新模式、新特征与新策略——以俄乌冲突中的舆论战为例［J］.对外传播，2022（7）：8-12.

中国优秀文化为载体的视频能够成为刻画中国形象最显著的标识和最明晰的轮廓。我们要充分挖掘对海外受众具有心理接近性和视觉灵敏性的文化符号作为对外传播的突破口，实现从感性到理性、从部分到整体的国家形象建构。同时，本研究也存在不足：一是本研究主要基于 YouTube 平台进行涉华视频的内容分析与效果考察，缺乏跨平台的对比和差异分析；二是对传播效果的考察主要是基于即时产生的评论文本，缺乏对受众心理动机和持久心理状态的更深层次考察。以上这些或可成为未来国家形象视频化传播研究的方向。

（作者周莉系华中师范大学新闻传播学院教授；

朱霜莉系华中师范大学新闻传播学院硕士生）

中国新型政党制度宣传话语：
生产机制、作用机理与构建路径

◇吴智楠

摘 要： 中国新型政党制度宣传话语是关于中国新型政党制度宣传叙事的各种语言。它主要由说话者、受话者、介质、信息等要素构成，以诠释内嵌于中国新型政党制度的新型政党、新型政党关系、新型民主、新型政治现代化为信息内核。就生产机制而言，中国新型政党制度宣传话语以政党制度类型学的解构和建构为生产目的，以中国新型政党制度的实践与理论为生产原料，以当代中国政治宣传模式为生产设备，三者综合作用构成四个"新型"的信息内核。就作用机理而言，中国新型政党制度宣传话语以权威合法化、道德合法化、规范合法化、叙事合法化、证据合法化为策略，五者综合作用帮助四个"新型"的信息内核进入受话者的观念世界。未来，加强中国新型政党制度宣传话语的构建，可以不断丰富话语生产的原料供应，及时更新和拓展话语信息内核，善用和充实话语的合法化策略。

关键词： 中国新型政党制度；政治宣传；宣传话语；话语分析

一、问题的提出

作为现代政治文明的重要组成部分，政党制度是一国政治制度不可或缺的构成部分。中国共产党领导的多党合作和政治协商制度是中国特色社会主义新型政党制度（简称"中国新型政党制度"），是中国取得辉煌成就的一大制度"密钥"，但其长期面临着严峻的话语挑战。一方面，由于"西强中弱"的国际话语权格局，中国新型政党制度的话语空间始终遭受西方话语霸权的限制和挤压。另一方面，西方裹着"普世价值"皮囊的自由主义民主在文化帝国主义的策动下大肆侵袭包括中国在内的发展中世界，使得国内不少人将选举式民主视为"真理"，没有选举授权就没有合法性，给中国共产党领导和执政的合法性带来了消极影响。[①] 这些挑战不仅反映出中国面临严峻的国际政治形势和中国新型政党制度知识供给乏力，也凸显了我们对中国新型政党制度宣传的不足，导致已有的诸多道理"说了传不开"。加强对中国新型政党制度的宣传是我们纾解上述困境的一个有效手段，构建具有解释力、说服力、传播力、感染力的中国新型政党制度宣传话语是我们当前亟待推进的目标。

笔者从宣传话语的视角探讨中国新型政党制度，既是对中国新型政党制度遭遇的现实挑战之观照，也包含了为新时代中国新型政党制度宣传话语的构建增加相关知识供给的考量。从研究现状看，学界对中国新型政党制度宣传或传播的专题研究较为罕见，对中国新型政党制度宣传话语的专题研究也难觅踪影，具有显著相关性的研究大多散见于其他主题的论文中，尤其是与国际话语权的研究交织在一起。例如，有学者在探讨中国政党理论国际话语权的问题时指出中国的宣传方式不适应实际需要[②]，有学者提出应当改变中国新型政党制度话语的传播方式[③]，也有学者在探讨提升中国新型政党制度国际话语权的实践路径中发掘多元话语主体的对外宣传功能[④]，还有学者强调要发挥媒体在宣传中国新型政党制度中具有的特定作用[⑤]。此外，有不少学者从中国共产党统战宣传工作的宏观视角进行相关研究，他们的主要工作是发现问题和解决问题。

诚然，关注中国新型政党制度国际话语权或宣传存在的问题及其改进策略能够为纾解制度面临的现实困境提供较为直接的参考，但这些问题和改进策略在一定意义上都属于下游产品。一条完整的产业链往往要兼顾上下游产品的生产，上游产品是下游生产的原材料，下游产品的生产离不开上游产品的供应。就中国新型政党

---

① 杨光斌．中国政治认识论［M］．北京：中国社会科学出版社，2018：51-56.
② 郭道久．增强中国政党理论国际话语权研究［J］．统一战线学研究，2018（1）：59-65.
③ 华正学．构建中国新型政党制度国际话语权的历史逻辑与现实路径［J］．统一战线学研究，2021（2）：45-52.
④ 臧秀玲．中国新型政党制度国际话语权的基本内涵与提升路径［J］．马克思主义研究，2022（4）：122-131.
⑤ 孙小禹．霸位·错位·升位：中国新型政党制度话语权现状与提升路径［J］．上海市社会主义学院学报，2021（5）：49-56.

制度国际话语权和宣传研究而言,其上游产品主要在于话语本身,包括话语的构成要素及这些要素互动形成的话语生产机制和作用机理,而这些恰是现有研究成果较为匮乏的。实际上,有学者在新近的研究中已经为本文所讲的上游产品的生产做出了相似的努力,他们提出了可应用于中国新型政党制度话语分析的话语机制,即话语—叙事—身份—权力—秩序。[①] 回到本文,笔者拟接续这种努力,以中国新型政党制度宣传话语为中心视角,明晰其是什么、为什么能够生产形成及为什么能够发挥特定作用等,尝试为进一步分析其宣传问题和改进策略进而构建国际话语权提供上游产品,并在此基础上提出相应的完善或构建路径。

二、宣传、话语与宣传话语及其分析

在理解中国新型政党制度宣传话语的构成要素及生产机制与作用机理之前,我们需要厘清宣传、话语及宣传话语的概念,为下文提供可能的分析路径。

(一)宣传

"宣传"的英文 propaganda 最初是一个意为"繁殖和扩散"的、颇有宗教色彩的中性词,但在第一次世界大战以后,尤其是在纳粹德国那里,由于沾染了谎言、欺诈、洗脑、灌输等负面意义[②] 而遭人厌恶,以致常常被看似更温和、更易于人们接受的 communication(传播)、advertisement(广告)、promotion(促销)等替代,这也被一些学者称为"新宣传"[③]。更无辜的是,汉语中本义为"宣布、传达"的"宣传",被日本知识界套上了 propaganda 的壳后,也不可避免地令人心生嫌隙,因而中央有关部门于 1997 年底要求各地宣传部门将汉语"宣传"英译为 publicity。[④] 与宣传在现实中遭遇的鄙夷不同,一些学者试图以中立乃至肯定的立场来阐释"宣传"的概念。例如,作为现代传播学先驱的美国政治学家哈罗德·拉斯韦尔把"宣

① 柴宝勇,石春林.中国新型政党制度话语体系的基础性建构[J].中央社会主义学院学报,2022(2):64-80.
② CULL N J,CULBERT D,WELCH D. Propaganda and mass persuasion:a historical encyclopedia,1500 to the present[M].California:ABC-CLIO,Inc.,2003:317.
③ 叶俊.新宣传的历史溯源、概念重构与关系治理[J].国际新闻界,2019(3):42-54.
④ 姚遥.新中国对外宣传史:建构现代中国的国际话语权[M].北京:清华大学出版社,2014:11-12.

传"定义为"仅仅指通过重要的符号，或者更具体但是不那么准确地说，就是通过故事、谣言、报道、图片及社会传播的其他形式来控制意见"[①]；被誉为现代公共关系学之父的爱德华·伯内斯指出，"现代宣传是一种持续一贯的努力，旨在制造或形塑事件，以影响公众与特定事业、观念、团体之间的关系"[②]。由此可见，宣传至少具有两大特征：第一，宣传是一种普遍的信息传播行为，我们可见之于社会生活的各种传媒乃至各种职业中。可以说，宣传在我们生活中是十分常见的，其正当性得到了诸多学者的支持和论证，中国的政治宣传或政党宣传实践也由来已久，因而如今我们无须避讳研究宣传或者非得用"传播"一词来替代，即使政治传播已然成为一门学科。第二，宣传凸显发起者一方的主观意图，旨在达成符合发起者利益的某种目的。当宣传发生在政治领域并在目的上凸显政治色彩时，其隐含了"特定阶级的意识形态、思想、观点、主张、价值等政治信息和思想倾向"[③]表达。本文关切的就是这样一种富有政治目的的宣传，它从根本上涉及政治意识形态或政治理想，行为本身可能服务于支持某种政治理想，也可能服务于削弱某种政治理想，由此形成支持性宣传和破坏性宣传。[④]

（二）话语

仅从词义看，"话语"（discourse）是指书面或口头的语言（language）。但是，话语在学术上的界定更为丰富多样，甚至可以说是混杂不清的——话语概念之多样使得我们时至今日也难以给予它一个准确的、统一的定义。例如，福柯认为，话语"时而是所有陈述的整体范围，时而是可个体化的陈述群，时而又是阐述一些陈述的被调节的实践"[⑤]；费尔克劳认为，话语是"再现世界各个方面的方式——物质世界的过程、关系和结构，'精神世界'的思想、感情、信仰等，以及社会世界"[⑥]。尽管如此，我们仍可以明确话语和语言在学术上有根本区别，"语言是脱离语境、抽象的现象（如字、词、短语、单句、复句），而话语总与现实生活相连——或是已

① 拉斯韦尔.世界大战中的宣传技巧［M］.张洁，田青，译.展江，校.北京：中国人民大学出版社，2003：22.
② 伯内斯.宣传［M］.胡百精，董晨宇，译.北京：中国传媒大学出版社，2014：50.
③ 刘李胜，时永松.政治宣传学［M］.武汉：湖北人民出版社，1993：6.
④ 斯坦利.政治修辞：西方宣传话语的哲学批判［M］.李晓梅，刘易平，译.上海：上海人民出版社，2021：58.
⑤ 福柯.知识考古学［M］.谢强，马月，译.北京：生活·读书·新知三联书店，2007：85.
⑥ 费尔克劳.话语分析：社会科学研究的文本分析方法［M］.赵芃，译.北京：商务印书馆，2021：146.

经，或是将要，或是可能发生的现象"[①]。这里的话语实际上就是马克思理解的"语言"，即思想的直接现实，而思想不外乎是我们对客观存在的主观映像。更进一步说，话语是"在具体语境中使用的语言"[②]，我们理解话语很难将其所处的语境束之高阁，而像传统结构主义语言学派偏好的那样只关注句子成分、语法、音调等语言性因素。

（三）宣传话语

当宣传与话语相勾连时，宣传可以抽象地充当话语的陈述对象，即宣传话语是人们对宣传现象的社会建构，这既包括人们如何定义、谈论、评价宣传，也包括人们定义、谈论、评价宣传时所使用的话语结构。[③]另一种情况是，将宣传这一隐晦而抽象的活动具体化，赋予宣传一个客观实在的对象，即宣传某种事物，而其宣传话语简单来说就是人们在宣传该事物时所使用的书面或口头的语言。两者相比，前者偏重对宣传的分析，后者偏重对话语的分析，本文的研究重心在于后者，即对政治宣传的话语分析。从支持性宣传和破坏性宣传的说辞不难看出，宣传话语较为突出政治权力性和意识形态性，其陈述的内容和目的大多与政治生活相关。此外，宣传话语又与政治领导人之间交流使用的、非公开的话语不同，其具有显著的大众传播性，即时而迎合大众的口味以减少自己与大众的隔阂，并隐藏在大众周围以潜移默化地运用"软实力"（包括通俗易懂的表述、绚丽多彩的画面、感人至深的故事等）来吸引眼球，进而悄无声息地形塑人们的思想观念。

（四）宣传话语分析

本文对宣传话语的分析主要集中在构成要素（特别是信息内核）、生产机制、作用机理三个方面（见图 1）。

宣传话语的构成要素可以从话语结构中窥见。范迪克（Van Dijk）曾明确话语具有这些结构，如语音结构、形态结构、句法结构、语义结构、图形结构、修辞结构、言语行为结构及话语互动结构等。这里的话语互动结构是本文主要关涉

---

① 施旭.什么是话语研究［M］.上海：上海外语教育出版社，2017：2.
② 吉.话语分析导论：理论与方法［M］.何清顺，译.杨炳钧，审校.重庆：重庆大学出版社，2021：22.
③ 刘海龙.宣传：观念、话语及其正当化［M］.北京：中国大百科全书出版社，2020：14.

的，其是指"在人际话语交往中，往往受到社会地位和权力的影响"①。在此逻辑下，宣传话语内部具有四种基本要素，即说话者（speaker）、受话者（hearer）、信息（information）、介质（medium）。一方面，从起源来看，宣传话语是人们在社会生活的交往中为了向他人传递信息而形成的口头或书面的语言产物，由此产生话语主客体，即说话者和受话者之分，传递的信息则构成了宣传话语的基本陈述。另一方面，宣传话语在传递信息时离不开一定的介质，它是包括声音、文本、图像、空间等形式在内的符号系统，构成了沟通说话者和受话者的物质或非物质的"桥梁"。

宣传话语的生产机制可以从话语语境中发掘。一般来说，语境是指"一切影响话语的结构生成和语义理解的语言和非语言要素的总和"②，其可以分成语言性语境和社会性语境，本文主要关注后者。在宣传话语中，说话者生产制造话语往往从现实生活出发，以现实生活为依据，这种现实生活恰恰是宣传话语赖以存在的社会性语境（social context），其为宣传话语的生产提供了必要的生产目的、生产原料、生产设备等支撑。首先，宣传话语的生产者即说话者在生产制造话语时总是带有特定意图（intention），这种意图既有说话者自身价值判断的融入，又包含了说话者对受话者利益需要（requirement）的考量，从而构成支持性宣传和破坏性宣传。其次，宣传话语的生产原料与话语陈述的对象物直接相关，对象物的历史与现实能够为宣传话语的生产提供资源（source）。最后，宣传话语的生产设备是指说话者所处的国家层面的体制（system）构设，尤其是具有支配地位的政治体制和政治宣传模式，说话者以此为生产制造话语的基本遵循。

宣传话语的作用机理可以从话语功能中提炼。按照马克思主义语言学的理解，话语语境强调的是话语的社会属性，话语功能则强调话语对社会现实和社会活动的干预。③ 这种干预实际上是说话者通过话语向受话者证明某事物的合法性，此亦可称为话语的合法化建构（legitimization construction）。话语的合法化策略主要包括权威合法化、道德合法化、规范合法化、叙事合法化、证据合法化等（见图 1）。④ 在宣传话语中，权威合法化是借助说话者的权威身份（identity），影响受话者对话语的接

① 徐赳赳. Van Dijk 的话语观［J］. 外语教学与研究，2005（5）：358-361，400-401.
② 王冬竹. 语境与话语［M］. 哈尔滨：黑龙江人民出版社，2004：72.
③ 黄国文，赵蕊华. 功能话语研究新发展［M］. 北京：清华大学出版社，2021：52.
④ 汤景泰，史金铭. 核心话语与话语框架：论美国涉华舆论的话语建构［J］. 政治学研究，2022（2）：66-77，169.

受度、认可度、服从度；道德合法化是借助说话者事先定义的价值（value）标准，引导受话者形成符合说话者意图的价值判断；规范合法化是说话者将话语上升到规范层面，以法律和制度文件等形式赋予话语规则（rule）效力，使受话者必须遵循之；叙事合法化是在叙事中采用隐喻（metaphor）的策略——"用一类事物理解和体验另一类事物"[①]，使受话者更易于理解和认可叙事情节；证据合法化是用若干事实（fact）证明话语的真实性，使受话者认识到说话者所言不虚。

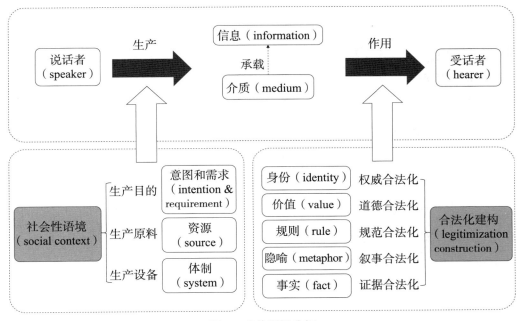

图 1　宣传话语分析

三、中国新型政党制度宣传话语的信息内核

　　中国新型政党制度宣传话语是指人们在宣传中国新型政党制度时所使用的书面或口头的语言，其构成要素包括上述的说话者、受话者、介质、信息等。说话者指明了谁来宣传的问题，受话者指明了向谁宣传的问题，介质指明了通过什么宣传的问题，此三者在理论上都可以指向任何人和任何物。相比之下，信息指明了宣传什

---

① 周志远. 习近平政治话语的认知隐喻研究［J］. 浙江师范大学学报（社会科学版），2020（3）：60-65.

么的问题，它具有特定的内核，不是随意而为的。新与旧是相比较而言的，中国新型政党制度最突出的特征在于"新型"，这种"新型"有以下四个方面的体现，从而构成了其宣传话语的信息内核。

（一）新型政党

政党是构成政党制度的主体，不同属性的政党制度有不同属性的政党。政党萌发于 17 世纪英国议会的派系斗争，早期的政党概念也充斥了竞争、冲突、对立、私利、宗派等元素。无论西方学者如何想方设法地将政党和宗派区分开来，指出政党不是宗派而是服务于整体的部分或表达公众意见的渠道①，都无法消弭资产阶级政党与既往宗派的一脉相承性，即两者总是通过盘剥大众来满足作为统治阶级的极少数人的利益。因而，除去那些华丽的辞藻，当前西方国家绝大多数政党仍难以改变谋求私利的"宗派本性"。相反，中国新型政党制度内的政党是新型政党，尤其是中国共产党。它在建立伊始就以实现人民当家作主为己任，在领导中国革命、建设、改革的百余年来坚持以人民为中心，代表最广大人民的根本利益，始终不忘为人民谋幸福、为民族谋复兴的初心和使命。这样的政党是对西方资产阶级政党的超越，意味着政党不再局限于"party"那样代表部分利益，而能够作为整体以统合并代表政党、国家、社会公众等各方面利益。

（二）新型政党关系

政党关系是政党制度的基础，不同的政党制度有不同的政党关系模式。西方资本主义国家两党制或多党制以轮流执政的竞争型政党关系为基础，执政党和在野党延续了"派系斗争"的传统，相互间恶性竞争不断，无休止地消耗国家和社会的公共资源，导致否决政治盛行和决策施政难产。相形之下，中国新型政党制度内的政党关系是一种以通力合作、团结和谐、友好协商为基本特征的新型政党关系。其中，中国共产党是领导党和执政党；各民主党派是接受中国共产党领导的中国特色社会主义参政党；无党派人士也是中国新型政党制度的一大主体，具有类政党身份，发挥与民主党派基本相同的作用，在特定条件下可以向民主党派身份转换。中国共产党重视发挥各民主党派在国家政治和社会生活中的作用，坚持与各民主党派

---

① 萨托利.政党与政党体制［M］.王明进，译.北京：商务印书馆，2006：51-59.

亲密合作，同各民主党派开展广泛、真诚的政治协商，自觉接受各民主党派的民主监督。应当说，内嵌在中国新型政党制度中的新型政党关系是对西方竞争型政党关系的超越，意味着政党关系不再局限于"派系斗争"，而能够创造团结和谐的政治氛围，以充分利用公共资源来服务国家和社会的大局。

（三）新型民主

民主是政党制度的核心价值，不同的政党制度有不同的民主追求或民主模式。古典意义的民主理论即人民主权理论，强调民主是大多数人的统治。"二战"时，熊彼特"将古典主义参与式民主理论改造为以选举为特征的精英主义程序民主理论"[①]，即选举式民主。它又被称为党争民主，与西方资本主义国家两党制或多党制挂钩，用"每人一票、公平竞选"的把戏来掩盖极少数人统治的真相。相比之下，中国新型政党制度内嵌的民主是新型民主——全过程人民民主，其真谛在于"有事好商量，众人的事情由众人商量，找到全社会意愿和要求的最大公约数"[②]，这又恰是中国式协商民主的要义所在。人民民主涵括了立法和决策的过程、决策实施和调整的过程、监督决策执行和反馈的过程。每个过程都吸纳人民参与协商，在中国共产党领导的协商中整合各方面的利益，"破解社会各界意见冲突的难题，形成代表全体人民总体利益的共同意志"[③]，从而体现人民民主的真谛。因此，中国新型政党制度表征的新型民主是对西方自由主义民主的超越，意味着民主不能止步于竞选的形式上，而应保障人民的意愿得到充分表达和实现，如此才能使民主回归到大多数人统治的本质上。

（四）新型政治现代化

在政治现代化的进程中产生的政党制度又是推进政治现代化的工具，不同国家的政治现代化进程有不同的逻辑。西方政治现代化受"权利－义务"逻辑的主导，充斥了强调个人权利的自由主义教条，即限制公共权力是保障个人权利的前提，限制公共权力必须分权制衡、分立政府。因此，西方资本主义国家形成了两党制和多

① 曾毅、杨光斌.西方如何建构民主话语权：自由主义民主的理论逻辑解析［J］.国际政治研究，2016（2）：64-81，4-5.
② 习近平.习近平谈治国理政：第2卷［M］.北京：外文出版社，2017：292.
③ 鲁品越.全过程民主：人类民主政治的新形态［J］.马克思主义研究，2021（1）：80-90，155-156.

党制等竞争性政党制度。不过，伊拉克、利比亚、阿富汗等后发国家的衰退现实证明，这种现代化道路并不具有普适性。相较而言，中国新型政党制度推进的政治现代化是一种基于"权力 – 责任"逻辑的新型政治现代化。中国传统政治富含注重集体的家国天下思想，"在家里面大家共享一切，所有成员相互都负有无限的责任。同时，要保护家庭，要使家庭更安全和幸福，家长无疑要负最大的责任。那么这就有必要默认家长有最大的权力"①。在某种意义上，中国现代政治是其传统政治的延续和承接，代表最广大人民根本利益的中国共产党相当于中国的"家长"，对中国这个"大家庭"负有最大的责任，因而也需要足够的权力来履行这个责任。中国共产党领导和执政的权力来自人民，其对权力的使用也必须落脚到人民，即权为民所用、情为民所系、利为民所谋。换言之，权力集中不意味着一定会侵蚀个人的权利和自由，关键看这种集权的目的是为个人还是为公众，中国新型政党制度内嵌的新型政治现代化就体现了以集中的公共权力来充分保障和实现人民群众的各项权利。

四、中国新型政党制度宣传话语的生产机制

中国新型政党制度宣传话语的生产，以解构和建构政党制度类型学为主要目的，以中国新型政党制度的实践和理论为基本原料，以当代中国政治宣传模式为基本设备。生产目的、生产原料、生产设备三者综合作用，方能形成上述四种"新型"的话语信息内核。

（一）目的：政党制度类型学的解构与建构

话语和理论是密切关联的，理论的形成和表达离不开话语，话语的生产有助于理论的解构与建构。中国新型政党制度宣传话语生产的目的可能有很多，但其中较为基本的一点，在于解构西方政党制度类型学和建构中国政党制度类型学。②自启蒙运动以来，西方国家在思想理论的创造上领先一步，引领和影响着全球，特别是在政党制度类型学上收获一大批来自其他国家、其他民族的支持者、拥护者。自改革

---

① 徐锋，高国升 . 正谊明道：中国新型政党制度何以为新［M］.北京：人民出版社，2021：40-41.
② 吴智楠 . 中国政党制度类型话语的建构路径：从"一般类型"到"新型"的逻辑展开［J］.上海市社会主义学院学报，2023（6）：54-65.

开放以来，西方政党制度类型学的强大影响力也逐渐深入中国，不少学者自觉或不自觉地成为其信徒，将西方政党制度类型学奉为金科玉律，误把从西方政党制度类型学抽象出来的特殊性当作一般性来运用，甚至用西方政党制度类型学提供的标准和价值观来裁剪和定义中国实践。西方政党制度类型学以有效政党数量和政党关系为主要分类标准，以竞争性为主要推崇的价值，西方中心主义的立场隐匿其中，主观地否定了非竞争性政党制度的价值意义。生产中国新型政党制度宣传话语，宣传中国新型政党制度四种"新型"的信息内核，实际上就是要冲破西方政党制度类型学故意制造的"重围"，超越那些浮于表面的政党数量和政党关系的分类标准及竞争性价值观，将人们的关注点转移到深究本质的制度阶级性和人民性上来，在政党制度理论上推进马克思主义中国化时代化，为建构中国化时代化的马克思主义政党制度理论，乃至实现精神上的独立自主做铺垫。更重要的是，解构的深层次目的在于建构，解构西方政党制度类型学以建构中国政党制度类型学为直接的价值旨归。这种中国政党制度类型学，不仅要实现宣传话语的功能作用，包括针对中国共产党领导的多党合作和政治协商制度回应各种质疑和澄清各种非议等，而且要成为一种由中国人创造的、普遍适用于世界各国的政党制度理论，从而为国际社会提供一种全新政党制度类型的中国方案和中国智慧。

（二）原料：中国新型政党制度的实践与理论

中国新型政党制度宣传话语的生产以制度本身的实践与理论为基本原料。一方面，实践是话语生产的基础，中国新型政党制度的实践探索为其宣传话语的生产提供了充足的底气。从 1949 年 9 月的中国人民政治协商会议第一届全体会议算起，新型政党制度在中国经历了 70 余年的实践探索。以党的十一届三中全会为分水岭，中国新型政党制度在前一时期的实践探索可谓艰辛，即使有过各民主党派和无党派人士积极参加社会主义革命的场景，但当中夹杂着一些不协调的片段——中共党内外围绕"民主党派的存废"问题出现了三次错误认识[①]，严重干扰了多党合作迈向制度化的步伐，而后的"反右"扩大化和"文化大革命"致使原本脆弱的多党合作雪上加霜。后一时期，多党合作得以在改革开放的浪潮中不断实现自己的制度

---

① 钟德涛.中国共产党的百年奋斗和中国新型政党制度的创立发展［J］.华中师范大学学报（人文社会科学版），2021（3）：7-17.

化、规范化、程序化，并于 1993 年写入宪法，逐渐发展成为中国政治的一大制度支柱。同时，在中国共产党的领导和支持下，各民主党派和无党派人士不断发展组织、壮大队伍，积极建言献策、亲自参与建设，为打赢防控阻击新冠肺炎疫情的人民战争、完成脱贫攻坚的艰巨任务、如期全面建成小康社会、推进社会主义现代化强国建设作出了不可磨灭的贡献，进而向国内外民众展现了中国新型政党制度的优越性，使中国新型政党制度宣传话语的生产可从中获取充足的底气和信心。更重要的是，这一前一后的对照生动反映出，新型政党制度是影响中国现代化进程的一个关键因素，两者是正相关的。若没有这样的实践对照，再好的宣传也难免被认为是"放空炮"。另一方面，理论是话语生产的支撑，中国新型政党制度的理论体系为其宣传话语的生产创造了广阔的空间。中国新型政党制度在 70 余年的实践探索中形成了庞大的理论体系，其表现为开放式、外扩性的多圈层结构：位于中心的是理论渊源圈层，以马克思主义政党理论为主；位于一环的是理论核心圈层，以中国化马克思主义政党理论为主，与马克思主义政党理论一脉相承；位于二环的是理论拓展圈层，以人民政协理论、参政党建设理论为主，两者都是基于中国独特政治安排和政治实践的理论总结；位于外环的是理论补充圈层，以国内外各种经久考验或全新诞生的理论范式为主。此结构贯穿继承与发展、衍生与融合的清晰逻辑，体现系统性与开放性有机统一的显著特征。这使之如水波一样不断向外拓展圈层，或可称为涟漪圈，从而具有几乎无限的发展可能，为其宣传话语的生产创造出广阔的空间，推动话语体系与理论体系相伴随行。

（三）设备：当代中国政治宣传模式

特定时空场景下的话语生产往往有其路径依赖，这种路径依赖构成了话语生产所必需的设备。就中国新型政党制度宣传话语而言，其生产的基本设备是当代中国政治宣传模式。当代中国政治宣传模式是党政体制下的宣传模式，其以"一体多元"为基本特征。所谓"一体"，是指党管宣传思想文化工作，并在实践中形成了一系列组织和制度安排，如处于顶层设计环节的中央宣传思想工作领导小组，归口管理下的合纵连横宣传文化系统——在纵向上，以"中央、省、市、县、乡等五个层级党委宣传部"为正式结构，"并且通过党的基层组织（支部、党组）及党员深入社会基层和群众"；在横向上，这些部门又"与诸多协同机构、会同机构共同开展宣传工作"。① 所谓"多元",是指宣传的内容和方式是多种多样的,一切传播活动都可以视为宣传活动,思想政治教育是宣传,公共信息发布是宣传,国家形象塑造也是宣传。正如毛泽东所说:"什么是宣传家?不但教员是宣传家,新闻记者是宣传家,文艺工作者是宣传家,我们的一切工作干部也都是宣传家……一个人只要他对别人讲话,他就是在做宣传工作。"② 中国新型政党制度宣传话语正是通过这样的政治宣传模式生产出来的。一方面,中国新型政党制度宣传话语的说话者形成了相对明确的决策和施策分工:在决策上,党和国家领导人和宣传机构始终是主要力量,牢牢把握总方向;在施策上,越来越多的专业人员加入其中,使宣传工作队伍的专业化程度不断提高。另一方面,中国新型政党制度宣传话语的生产更加注重科学性和灵活性,充分借鉴和运用人类社会发展的优秀成果,如新闻发布会、政府白皮书、国家宣传片等,力图刚柔相济、以柔克刚。

五、中国新型政党制度宣传话语的作用机理

中国新型政党制度宣传话语发挥特定作用,离不开权威合法化、道德合法化、规范合法化、叙事合法化、证据合法化等策略。也正因为这些对话语合法化建构的策略,中国新型政党制度宣传话语才能最终打通走进广大受话者观念世界的道路。

(一)权威合法化:身份

虽然中国新型政党制度宣传话语的说话者可以指向任何人,但在实际的话语生产中它是有所侧重的。也就是说,不是任何人生产的话语都能够起到宣传中国新型政党制度的作用。这里的关键在于说话者的社会身份,说话者生产的话语能否使他人接受和信服,在很大程度上取决于说话者社会身份的权威性。人是社会关系的总和,一个人生活在社会中必定具有某种主要的社会身份,这个主要的社会身份是个人社会地位和社会实力的综合反映,其代表的是社会评价或社会认同。具有较高社会评价或社会认同的人通常被喻为社会精英,基于职业标准,社会精英可分为政治

① 苏颖.守土与调适:中国政治传播的制度结构及其变迁[J].甘肃行政学院学报,2018(1):71-82,99,127.
② 毛泽东.毛泽东选集:第3卷[M].北京:人民出版社,1991:838.

精英、知识精英、传媒精英等，他们通过不同的方式实现中国新型政党制度宣传话语的权威合法化建构。作为政治精英的说话者以集体形式出现，以中国共产党、各民主党派和无党派人士为主，他们在生产中国新型政党制度宣传话语时能够领航定向，赋之以较高的政治权威性，使之具备政治引领力，从而指引各类受话者对中国新型政党制度形成政治认同和政治服从。作为知识精英的说话者以从事教学与研究的专家学者为主，他们能够从学理化阐释的角度生产中国新型政党制度宣传话语，赋之以较高的知识权威性，使之具备学术引领力，以自身的专业知识指引各类受话者对中国新型政党制度形成理性认知和理性认同。作为传媒精英的说话者以有影响力的民间自媒体人士为主，如火星方阵等，他们在生产中国新型政党制度宣传话语时能够通过爱国主义的情感表达和慷慨激昂的语调充分调动公众的情绪，赋之以较高的传媒权威性，使之具有情绪感染力，从而引导各类受话者对中国新型政党制度形成感性认知和感性认同。

实际上，社会精英的影响力主要限于国内，而在国际传播方面，中国的大国身份更加深刻地影响着中国新型政党制度宣传话语的权威合法化建构，因为中国新型政党制度宣传话语的国际传播往往以中国的大国身份出现，"中国"是其最醒目的标签。"大国身份是国家身份与国际身份的有机融合，既具有权力政治的现实主义逻辑，也具有责任义务的社会性逻辑，它可能带来大国身份优势，但也可能带来大国身份困境，这取决于国家如何使用与诠释大国身份及国际社会的反应。"[1] 在国际社会中，中国一直致力于建构和平、负责任、文明的大国身份，坚持和平与发展的外交基调，积极建设友好合作、互利共赢的双边关系或多边关系，这有利于国际社会对中国新型政党制度宣传话语形成接受和认同。但与此同时，西方国家长期试图以"国强必霸""大国威胁""战狼外交"等论调消解中国所努力建构的大国身份和大国形象，这在客观上对中国新型政党制度宣传话语的国际接受和国际认同产生消极影响。

（二）道德合法化：价值

人类社会生活中长期存在现实主义与理想主义的张力。现实主义政治强调短

---

① 叶淑兰. 刍议柔性外交：中国外交形象建构的"实力—身份—话语"三维模式［J］. 国际观察，2023（4）：25-49.

期利益诉求的满足，以权力斗争为常态，是斗争的政治。马基雅维利提出的君主统治术就是一种典型体现，而伊斯顿所谓的"政治是对价值的权威性分配"恰是现实主义政治的现代版本。理想主义政治强调长远利益诉求的满足，其往往着眼于人类社会的整体利益，追求"善"的价值，主张"善治"，是至善的政治。中国传统政治思想和西方古典主义政治思想都不乏这种理想主义的追求。事实上，现实主义的政治逻辑占据了主导地位，迄今为止人类社会政治实践充斥了阴狠险恶、你死我活的权力斗争，理想主义追求在许多政治活动家看来是幼稚的，由此制造出现实主义政治与理想主义政治之间难以逾越的鸿沟。必须注意的是，人天生是政治动物，这种政治是道德的、追求美好生活的政治，基于道德良知的角度过政治生活才是人类的真正天性，符合道德良知的政治行为才能使人们形成相应的价值认同和价值服从。正如有学者指出："人不能以权力斗争作为自己的本质规定。本源之政治，在于它是人类美好生活之基本形式。"[①] 在此意义上，中国新型政党制度宣传话语也必须进行道德合法化的建构，从价值维度获取受话者对中国新型政党制度宣传话语的接受和认同。中国新型政党制度宣传话语的道德合法化建构主要通过以下三种方式实现。一是将中国新型政党制度与马克思主义结合起来，提出马克思主义政党理论是中国新型政党制度的理论渊源。马克思主义虽然揭示了迄今为止人类社会的历史是阶级斗争的历史，但始终以实现共产主义和全人类解放为价值旨归。这赋予了中国新型政党制度以现代政治的价值意义，即代表社会整体的、长远的利益，从而符合道德政治的追求。二是将中国新型政党制度与中华优秀传统文化融通起来，提出中华优秀传统文化是中国新型政党制度的历史文化渊源。中华优秀传统文化蕴含了"天下为公""天下大同""民为邦本""为政以德"等价值理念，中国新型政党制度正是构筑在这些价值理念的基础之上——其内在的现代政治价值不仅是结合马克思主义的产物，还是对这些价值理念的创造性转化、创新性发展。三是中国新型政党制度弥合了现实主义与理想主义的政治鸿沟，提出中国新型政党制度以合作与协商为主基调，既畅通社会各党派、各阶层、各团体的利益表达渠道，把不同的意见和建议放到台面上，又通过"广泛协商凝聚共识、凝聚智慧、凝聚力量，有利于达成思想共识、目标认同和行动统一，有利于促进政治团结和有序参与"[②]，从而有效避

① 刘建军，陈周旺，汪仕凯 . 政治逻辑：当代中国社会主义政治学［M］. 上海：上海人民出版社，2022：68.

② 中华人民共和国国务院新闻办公室 . 中国新型政党制度［N］. 人民日报，2021-06-26（2）.

免消极争辩、恶性斗争和权力分肥。

（三）规范合法化：规则

规范合法化主要是通过规则的方式赋予话语以规则效力，使话语变成特定的规范表达，获取受话者的规范性接受和认同。一般来说，法律、法规、条例、规定是规则的基本体现。世界各国关于政党与政党制度的专门性法律、法规、条例、规定并不算常见，反而多以单独条文的形式出现在某项法律、法规、条例、规定中。就中国新型政党制度而言，其兼具条文性规则和专门性规则，为其宣传话语的规范化和合法化建构提供必要依据。从条文性规则看，"中国共产党领导的多党合作和政治协商制度将长期存在和发展"于 1993 年写入宪法，赋予了中国新型政党制度宣传话语以根本法意义的规范；中国共产党于 2019 年发布的《中共中央关于新时代加强和改进人民政协工作的意见》、于 2021 年发布的修订后的《中国共产党统一战线工作条例》及于 2022 年发布的《中国共产党政治协商工作条例》等，都有关于中国新型政党制度的条文，赋予了中国新型政党制度宣传话语以党内法规意义的规范。从专门性规则看，1989 年的《中共中央关于坚持和完善中国共产党领导的多党合作和政治协商制度的意见》、2005 年的《中共中央关于进一步加强中国共产党领导的多党合作和政治协商制度建设的意见》和 2019 年的《中共中央关于加强中国特色社会主义参政党建设的意见》等，是有关中国新型政党制度的专门性规则，在制度设计、结构、功能、运行等方面做了较为系统、全面的规定，构成了完整的制度规范，它们正是宣传中国新型政党制度的规范表达。可以说，中国新型政党制度宣传话语向受话者展示了这些规则的存在并阐释了这些规则的意义，而这些规则又规范了中国新型政党制度宣传话语的表达，有利于获得受话者对中国新型政党制度规范性的接受和认同，以此实现中国新型政党制度宣传话语的规范合法化建构。

（四）叙事合法化：隐喻

比喻是叙事的一个基本修辞手法，它有明喻和暗喻之分，这里的暗喻即隐喻。明喻通常有"类似""如同""像"等连接词，直截了当地说明本体和喻体；隐喻则相反，它将两个看似不同的事物进行直接比较而不表露对应关系，用具体的事物理解和体验抽象的事物。叙事往往基于隐喻而非明喻，因为隐喻可以使叙事变得更加含蓄、生动、灵活并引人入胜，在给受话者留下更多自我想象空间的同时，帮助受话者理解、体验乃至认可叙事情节。中国新型政党制度宣传话语的叙事合法化建构建立在多种制度隐喻的基础之上，如把作为制度主体之一的各民主党派隐喻为中国共产党的"好参谋、好帮手、好同事"，把作为制度特征之一的政治协商隐喻为"有事好商量，众人的事情由众人商量"，把作为制度优势之一的集中力量办大事隐喻为"全国一盘棋"，把包括政党制度在内的统战工作隐喻为"找到最大公约数，画出最大同心圆"等。诸如此类的隐喻，在丰富中国新型政党制度宣传话语的内涵叙事的基础上，将叙事对象从抽象转化为具体，既有利于增进受话者对中国新型政党制度的理解和体验，又有助于受话者形成对中国新型政党制度宣传叙事的接受和认同。

（五）证据合法化：事实

政治宣传若要使人接受、认同、服从，在根本上离不开证据的支持，而这种支持实质是建基于证据本身是有效的并能够有效论证宣传所包含的各种观点之上的。证据是指能够证明某事物真实性的有关事实或材料，其有效性来源于有关事实或材料的真值性，材料证据往往是事实证据的表现形式，材料证据起作用归根结底是事实证据在起作用。在此意义上，若证明宣传所言不虚应当主动提供大量事实证据（不论其以何种形式呈现），而非让宣传受众自己去找事实证据，以此防止事实证据被故意加工或篡改。中国新型政党制度宣传话语正是通过这种方式实现其证据合法化建构的。以中国政府白皮书为例，它是承载中国新型政党制度宣传话语的一个主要介质。在中国上百部政府白皮书中，显著宣传中国新型政党制度的主要有《中国的民主政治建设》白皮书、《中国的政党制度》白皮书、《中国新型政党制度》白皮书、《中国的民主》白皮书等。它们在内容上不乏对事实证据的枚举，包括中国共产党与各民主党派和无党派人士进行政治协商的会议次数，各民主党派和无党派人士在"两会"中的占比、担任各级政府和司法机关领导职务的占比，各民主党派和无党派人士的重大提案数、提供咨询服务的项目数、兴办的学校数、培养的人才次数、组织构成概况，各民主党派和无党派人士集中参与毕节试验区建设，各民主党派和无党派人士助力新冠肺炎疫情防控等。这些事实证据展示了中国新型政党制度拥有举足轻重的政治地位，证明了各民主党派和无党派人士不是"花瓶"或"摆设"，而是积极地投身于社会主义现代化事业的建设中，在客观上增强了中国新型政党制度宣传话语的说服力，促使受话者形成对中国新型政党制度宣传话语真实性的接受和认同。

六、中国新型政党制度宣传话语的构建路径

加强中国新型政党制度宣传话语的构建，是分析中国新型政党制度宣传话语信息内核、生产机制、作用机理的目标旨归。基于上述讨论，笔者认为，进一步加强中国新型政党制度宣传话语构建，增强中国新型政党制度的宣传效力，可以从话语生产原料供应、话语信息内核、话语合法化策略等方面入手。

（一）不断丰富话语生产原料供应

中国新型政党制度的实践与理论是其宣传话语生产的基本原料。不断丰富中国新型政党制度宣传话语生产的原料供应，即要不断推动中国新型政党制度的建设发展，在中国新型政党制度实践中及时总结中国新型政党制度经验，把中国新型政党制度经验提升为中国新型政党制度理论，进而构建相应的理论体系。一方面，加强新时代中国新型政党制度的规范化、制度化、程序化建设。2023 年底，中共中央出台了关于坚持好、发展好、完善好中国新型政党制度的意见，为新时代中国新型政党制度的建设发展提供了基本遵循。落实这一遵循需要采取更具体的办法，特别是从政党内部法规制度方面着手。实际上，中共已经迈出了重要一步，即制定并出台了关于统一战线工作和政治协商工作的法规条例，下一步可以探索制定一部专门围绕做好、领导好多党合作工作的法规条例。同时，各民主党派也可以尝试制定一部关于参与好多党合作的本党条例或细则，既明确本党参与多党合作的一般程序、方法、路径等，又充分体现自身的党派特色。如此，中共与各民主党派在各自党内法规上相互对照、相得益彰、同频共振，为加强新时代中国新型政党制度的制度化、规范化、程序化建设提供明确的法规保障，也为进一步加强中国新型政党制度宣传话语构建提供法治化、规范化的实践原料。另一方面，加快完善中国新型政党制度理论体系。中国新型政党制度理论体系的内部结构及各个理论的相互关系是基本明

确的，但各个理论的内容有待厘清。例如，一些研究者在探讨马克思主义政党理论或中国化马克思主义政党理论时，侧重的是无产阶级政党——共产党部分，而忽视了多党合作部分，这对于中国新型政党制度的实践来讲是不够准确的。同时，也有一些研究者在探讨中国新型政党制度实践时忽视了无党派人士的地位和作用，进而导致相应的理论建构不足。无党派人士一直都是中国新型政党制度的重要主体，他们有丰富的实践经验，将这种经验提升为理论是构建中国新型政党制度理论体系的题中应有之义。此外，中国新型政党制度理论体系是开放的，不能只着眼于中国自身的经验，应当懂得借鉴和吸纳其他优秀的理论成果，包括国家治理理论、现代化理论、新制度主义等，并在中国情境下赋予它们新的意涵。概言之，我们应当厘清中国新型政党制度理论体系的具体内容，加强无党派人士的理论建构，积极借鉴吸纳其他优秀理论成果，以进一步完善中国新型政党制度理论体系，为构建中国新型政党制度宣传话语提供更加坚实的理论原料。

（二）及时更新和拓展话语信息内核

话语信息内核关系到"宣传中国新型政党制度的什么"的重要问题。中国新型政党制度是与时俱进的，宣传中国新型政党制度也应该与时俱进，这要求我们及时更新和拓展中国新型政党制度宣传话语的新型政党、新型政党关系、新型民主、新型政治现代化等信息内核，特别是衔接新的宣传话语或概念。就新型政党而言，使命型政党和情感型政党是宣传中国新型政党制度的新"增长点"。使命型政党是近年来学界研究较多的话题，相比之下，关于情感型政党的讨论较少。中国共产党和各民主党派、无党派人士都有自己的使命担当，也都有自己丰富且深厚的情感倾向。这是对旧式掮客政党、逐利政党的超越。在宣传中国新型政党制度时加入使命型政党和情感型政党作为鲜明标识，以此更新和拓展中国新型政党制度宣传话语的信息内核，既有利于开辟宣传中国新型政党制度的新路径，也有利于以简单化的概念让受众认识到中国政党的"与众不同"。就新型政党关系而言，参政党是中国新型政党制度宣传话语的一个鲜明标识。虽然"参政党"的概念很早之前就已提出，但相应的理论尤其是从政党角色切入的理论尚未成形。参政党是中国政治独有的政党角色，它对世界政党政治的变革与发展有重要意义。形成相应的包括参政党角色在内的政党角色理论，并将其纳入中国新型政党制度宣传话语范畴中，可以为宣传中国新型政党制度提供一个新的"增长点"，从而更新和拓展中国新型政党制度宣传话语的新型政党关系信息内核。就新型民主而言，长期以来，中国的民主宣传话语以社会主义民主和人民民主等为核心标识。自习近平总书记 2019 年提出了"全过程民主"的概念以来，中国的民主出现了较为明显的宣传转向，即着重宣传中国的民主是全过程人民民主，全过程成为中国民主宣传话语新的显著标识，突出体现了其与旧式民主的过程性差别，是中国民主宣传新的"增长点"。民主作为宣传中国新型政党制度的一个核心维度，也要在宣传话语上与时俱进，同全过程话语紧密衔接，有机融合"人民"和"社会主义"等传统话语要素，使全过程人民民主成为宣传中国新型政党制度的一个新"增长点"，乃至打造为中国新型政党制度的一大"品牌"，以此更新和拓展中国新型政党制度宣传话语的新型民主信息内核。就新型政治现代化而言，党的二十大报告明确提出了"中国式现代化"的概念和命题。在这个命题中，中国式政治现代化是中国式现代化在政治领域的集中体现，是中国式现代化的一个重要构成部分。在此意义上，中国式现代化和中国式政治现代化是宣传中国新型政党制度的新标识。宣传中国新型政党制度内蕴的新型政治现代化，既要将之置于"中国式现代化"的主题之下，诠释中国新型政党制度对于中国式现代化的多重意义，也要抓住中国式政治现代化作为核心话语表达，从中国式政治现代化的角度阐释中国新型政党制度的共产党领导、多党合作、政治协商等结构性特征，以此更新和拓展中国新型政党制度宣传话语的新型政治现代化信息内核。

（三）善用和充实话语合法化策略

话语合法化策略关系到"中国新型政党制度宣传话语能否有效发挥作用"的问题。中国新型政党制度宣传话语有效发挥作用，不仅取决于宣传话语的语言因素，即"说什么"，还取决于宣传话语的社会因素，即"为何说""谁来说""向谁说""怎么说"等。这要求我们应当充分调动这些社会因素，善用和充实中国新型政党制度宣传话语的合法化策略。在"为何说"上，加强中国新型政党制度宣传话语的构建需要善用和充实道德合法化的策略。任何政治宣传都有其预设的价值立场，中国新型政党制度宣传也不例外。与阴谋诡计相反，宣传中国新型政党制度的价值立场既在于制度本身，也在于宣传者的高尚道德情操，即追求的是利己利人，而非损人利己或损人又不利己。同时，这种高尚的道德情操也需要具体落到实处，尤其是在帮助其他国家的政治发展中有所行动、有所建树，否则就是虚妄空谈。在"谁来说"上，加强中国新型政党制度宣传话语的构建需要善用和充实权威合法化的策略。不同权威身份的人所形成的话语具有不同的分量和效力，相对较弱权威身份的人的话语分量和效力远不如相对有较强权威身份的人话语的分量和效力。宣传中国新型政党制度时善用话语的权威合法化策略，既要求政治领导人作为话语引领者锚定"说什么"，又要求专家学者作为话语阐释者解释"说什么"，还要求新闻工作者作为话语传播者传递"说什么"。同时，我们也需要采用灵活多样的话语表达方式充实这种权威合法化策略，充分发挥政治领导人、专家学者、新闻工作者的职业特点和优势，避免三者在话语上完全一致，从而抹杀各自的独特作用。在"向谁说"上，加强中国新型政党制度宣传话语的构建需要善用和充实叙事合法化的策略。叙事合法化既是利用隐喻，也是利用故事。讲故事是政治宣传的"利刃"，因为对于大多数受众而言，讲故事比讲道理更具吸引力，宣传中国新型政党制度的受众也不例外。一方面，讲好中国多党合作的故事是宣传中国新型政党制度的重要一环，特别是以一节一节小故事的方式向广大受众展示中国多党合作的细节，有利于增强中国新型政党制度的吸引力。另一方面，讲中国故事不一定只讲中国的故事，解读外国的故事或事故以形成一正一反的鲜明对比，更能够刺激受众的直观感觉，从而提升中国新型政党制度的宣传效力。同时，受众是多元的，他们的需求可能各不相同，中国多党合作的故事可以根据受众的不同特点、不同需求进行专业化设计，适当迎合不同受众的合理口味，以增强中国新型政党制度的传播力和感染力。在"怎么说"上，加强中国新型政党制度宣传话语的构建需要善用和充实规范合法化、证据合法化的策略。善用和充实规范合法化策略，即要以法示人、以制约人，通过法律法规、制度规定的形式，明确话语本身的崇高地位，潜移默化地使受众（主要是国内受众）形成相关的法治意识和制度意识，逐渐消除疑虑和不信任，从而认为"这是理所当然的"。善用和充实证据合法化策略，即要以充分的事实证据证明中国新型政党制度宣传所言为是。这种"充分的事实证据"不仅依赖事实证据本身的真值性，也依赖受众对事实证据真值性的主观判断，即事实证据是否可信，后者往往比前者更难达成。因此，若想善用和充实证据合法化策略，则必须懂得提高事实证据的可信度，而数据、图表、图片、公式、视频等具象表达可能比抽象简朴的纯语言文本描述更有效。

结语

　　本文主要探讨了中国新型政党制度宣传话语是什么、如何生产形成、怎样起到作用及如何加强构建这四个问题。就第一个问题而言，中国新型政党制度宣传话语主要由说话者、受话者、介质、信息等要素构成，其陈述的核心意涵是诠释内嵌在中国新型政党制度之中的新型政党、新型政党关系、新型民主、新型政治现代化。就第二个问题而言，中国新型政党制度宣传话语在生产上以解构传统政党制度类型学和建构新的政党制度类型学为基本目的，以中国新型政党制度的实践和理论为基本原料，以当代中国政治宣传模式为基本设备，四种"新型"的信息内核正是在此三者综合作用下形成的。就第三个问题而言，中国新型政党制度宣传话语起到理想化的作用离不开权威合法化、道德合法化、规范合法化、叙事合法化、证据合法化等策略。其中，权威合法化依靠社会精英权威身份和国家权威身份实现，道德合法化依靠与社会整体的、长远的利益相契合实现，规范合法化依靠话语的规则赋能实现，叙事合法化依靠隐喻的功能实现，证据合法化依靠事实证明实现。就第四个问题而言，加强中国新型政党制度宣传话语的构建，可以从话语生产原料供应、话语信息内核、话语合法化策略等方面着手，以提升中国新型政党制度的宣传水平，增强中国新型政党制度的宣传效力。宣传中国新型政党制度、构建中国新型政党制度的宣传话语，归根结底是为了让处于不同地域环境、不同文化背景、不同政治系统的人们正确认识和充分理解中国新型政党制度，摒弃偏见、消除误解，共同努力去寻找一条通往共赢的道路，真正使政党制度促进人类社会的长远发展。

（作者吴智楠系华南师范大学马克思主义学院博士生）

网络政治传播研究

"新黄色新闻"政治舆论风险审视及消解理路

◇张爱军　张薇薇

摘　要： "新黄色新闻"政治舆论是由技术等因子促发的政治舆论异化组成。"新黄色外衣"笼罩下的政治舆论异化为层级降格的"政治表演"。"新黄色新闻"政治舆论具有即时化爆发、拟像化主导、螺旋化传播的共性特征。市场逻辑、共情传播、达克效应驱动"新黄色新闻"政治舆论产生。"新黄色新闻"政治舆论造成社会政治视线模糊、政治信息迷因化传播、引发次生政治舆论、悖于主流政治舆论基调、丧失政治舆论的舆论性。"新黄色新闻"政治舆论成为政治世界中的"利维坦"，撕裂整体政治舆论生态。应从管理者、资本、公众角度探赜并落实"新黄色新闻"政治舆论消解理路，通过管理者加强善治建设、以资本技术达成舆论和解、公众舆论素养习得与升维，实现政治舆论生态的整体良性复归。

关键词： "新黄色新闻"政治舆论；"新黄色新闻"；政治舆论；驱动者

"新黄色新闻"是在旧黄色新闻基础上的技术化身，是新媒体视域下新闻产业运转的"副产品"。新闻产生即伴随着舆论。"新黄色新闻"的涌现导致政治舆论结构体系发生转向，"新黄色新闻"诱发政治舆论动荡。"新黄色新闻"政治舆论成为数字技术与社会文化共同作用、催生形成的一种舆论类型。

以"新黄色新闻"为研究起点，需要将其历史拉回到 20 世纪初的美国："渲染性"报道使黄色新闻成为拉动美国新闻业甚至国家经济的"动力机制"。这一过程中，黄色新闻与政治甚至国际政治缠结在一起，成为美国"媒体政治"[①] 的展演、实践工具。技术与文化"联袂"下的"新黄色新闻"转向了与黄色新闻不同的研究面

---

① 马奥尼，张也 . 东方主义、新帝国主义和美国的媒体政治 ［J］. 国外理论动态，2015（10）：48-63.

向，将问题思考域与理论增长点集中在多类型平台的内容"失重"层面。针对"新黄色新闻"的政治面向研究反而在其理论前身之后缺位。这也就赋予了"新黄色新闻"政治面向研究的及时性、必要性。关于新闻的政治转向探赜，政治舆论栖身于媒体，新闻与舆论一体两面。在新媒体、融媒体、自媒体的"舞台布景"之上，时兴产物"新黄色新闻"与政治舆论结合而成的舆论研究成为相较于纯粹的"新黄色新闻"及传统舆论研究的新路径，其在政治面向及时性与必要性的基础上呈现了创新性。

数字技术与现代媒介的旁引整合功能愈加强化，"新黄色新闻"借助短视频等社交场景时下愈演愈烈。在损害新闻公信力的同时，舆论借由其产生、传播。其中，"新黄色新闻"与政治舆论的缠结深化了舆论的风险维度，在新型舆论类型合成基础上直接或间接危及政治舆论生态，进而威胁社会整合度与和谐度。"新黄色新闻"政治舆论研究亦是在危机映射下具备时代观照、问题意识的社会现象探赜，即回归社会疑难化解，对"新黄色新闻"政治舆论进行风险审视及消解，从而助力政治、社会常态化演进。

作为数字新闻新形态的"新黄色新闻"，指的是以黄色新闻报道手法为参照，以现代多类型数字技术为载体，赋予缺失性或非理性新闻要素、以营利为主要导向的新闻类型。其在技术上的数字性与文化上的新闻性是其两大本质属性[①]，以娱乐、趣味、煽情为基本特征。政治舆论是所有涉及政治上的舆论，包括政治制度、政治过程、政治人物、政治事件、历史政治人物等方面的舆论。[②] 传播的异质面向并不影响二者的深度联结。原先沟壑分明的界限渐被消解，取而代之的是新闻与娱乐彼此的相似度越来越高，娱乐节目充分结合政治新闻事件映射政治现实，利用种种符号表达对政治场域做出回应[③]。"新黄色新闻"政治舆论例证娱乐与政治的交错融合、政治的"非政治化"，使"新黄色新闻"政治舆论并非必然层面的假设，而是经过技术加持、形式类似、交叉勾连的实质层面的产物。"新黄色新闻"造成政治舆论显现、传播、扩大，舆论焦点跟随新闻热点迁移变化。"新黄色新闻"政治舆论表现为技术转向之下多路径生成、离散与聚合、持续演化叠加的舆论类型，兼顾双方特质，指以夸张、低俗、歪曲的"新黄色新闻"为载体，以吸引眼球、制造话题或

① 常江. 数字时代新闻学的实然、应然和概念体系［J］. 新闻与传播研究，2021，28（9）：39-54，126-127.
② 张爱军，吉璇. 网络技术治理与政治舆论转向［J］. 江淮论坛，2021（4）：87-95.
③ 赵如涵，罗晨. 交错与融合：信息娱乐化研究的学术图景［J］. 当代传播，2017（6）：68-71.

推动特定政治议题发展的政治舆论。其目的往往是通过情感化、激进化的手法影响公众观点，操纵舆论，达到特定政治目的。比如，西方国家关于政治人物政治性不强的"新黄色新闻"诱发政治舆论，其中产生的政治舆论可称为"新黄色新闻"政治舆论。

一、"新黄色新闻"政治舆论共性特征

正当新闻要素的缺失及对消遣性要素的过度追逐使"新黄色新闻"本身站在了社会议程的反面，"新黄色新闻"政治舆论自然异化为社会建构的负面物。其外在表征从内里本质出发对应失序。以事物生发轨迹为线索，"新黄色新闻"政治舆论具有本体纵向延伸、横向扩散的特征，总体呈现即时化爆发、拟像化主导、螺旋化传播的共性特征。

（一）即时化爆发

"新黄色新闻"政治舆论的舆论波演变通常具备难以预测性和非连贯性。这归根于偶发性大于稳定性的网络传播环境及利益导向的"新黄色新闻"驱动目的。速度表征为"新黄色新闻"政治舆论的首要显性外在特征。"新黄色新闻"疾速引爆政治舆论，政治舆论激化伴随意见分歧、情感表达，社会交流反向作用于"新黄色新闻"，二者的"强聚合关系"使其结为磁场共振、共吸的整体。"新黄色新闻"携带碎片化的传播修辞，公众对爆发认知存疑。随着看似"即兴"的出场，公众对"新黄色新闻"政治舆论逻辑理路的认知较为混乱，存在失序化的、质疑性的认知情状。针对"新黄色新闻"政治舆论表演的网页置顶、热搜上榜等操作难以获得现实意义认知。这一过程中，"新黄色新闻"政治舆论连贯度较差，图文、视频碎片难以拼接为完整的信息图谱。而碎片化赋予"新黄色新闻"政治舆论即时爆发的便捷通道。社交媒体平台的病毒式传播使"新黄色新闻"在短时间内抢夺公众深入调查、分析的求证时间，影响、塑造公众的政治认知、态度。这种即时化爆发又加剧了信息的碎片化。由于报道往往偏向于夸张与情绪化，舆论爆发圈层化、界墙化，形成"信息碎片—即时爆发"的恶性循环。"网络爆料"亦成为"新黄色新闻"政治舆论即时化爆发的营构因子。网友爆料内容未经专业媒体机制的审核，更容易触动大众神经，引发舆论爆点出现[①]。

（二）拟像化主导

鲍德里亚认为后现代文化坐标系以拟像的第三个序列——仿真为支撑，具体是指符码取代了真实，媒介对真实进行模拟、吞噬、拼贴，制造了意义，现实世界的实际意义已不复存在。因此，现实世界是被媒介符码所营构、操作的"超真实"的世界。"新黄色新闻"政治舆论被拟像化主导。"新黄色新闻"政治舆论的拟像化主导缘因于模式化。"新黄色新闻"以模板化的产品存在，冠以同质化、成本低廉的属性。这种新闻信息端诱发的政治舆论被模式化，常以营销号的流水线推送。模式控制了非自然属性的舆论，新闻报道对真相的执着被淡化，那么"新黄色新闻"政治舆论则被拟像占据了。符号建构"新黄色新闻"政治舆论的拟像化。新闻价值缺失、新闻商品性凸显、内容"失重"及"新闻内容本身的魅力为新闻修辞的魅力所取代"[②]，为"新黄色新闻"病灶所在。这种非理性、非良性的报道形式所形成的政治舆论撕裂了政治舆论的权威性，甚至为其附带了猎奇属性。在算法推荐新闻中，用户最为看重的是趣味性，并非重要性、真实性等传统新闻价值。[③]"新黄色新闻"政治舆论被仿真性、迎合性、无意义的媒介符号加工上升，在流量、数据、热度的裹挟下被包装为驱动者的符号产品，进而被拟像化主导。而拟像化——模式、符号主导的"新黄色新闻"政治舆论，易使受众表现为对事件主体的拟像化关注，陷入夸大、猎奇、八卦的舆论旋涡。政治舆论的政治性被覆盖，公众对政治的敏感度及其认知也就变得被动了。

（三）螺旋化传播

"新黄色新闻"政治舆论的传播呈螺旋化结构。"新黄色新闻"政治舆论的爆发并非驱动者单向度的"演绎"，而是在顺应消费模式的前提下产生。"新黄色新闻"

---

① 曾祥敏，戴锦镕.新媒体语境下新闻反转、舆论生成机制和治理路径探究：基于 2014—2020 年典型反转新闻事件的定性比较分析（QCA）研究［J］.社会科学，2020（7）：168-184.
② 陈龙."借题发挥"：一种中国特色的网络舆论话语生成模式［J］.新闻与传播研究，2019，26（12）：67-83，127.
③ 杨洸，余佳玲.新闻算法推荐的信息可见性、用户主动性与信息茧房效应：算法与用户互动的视角［J］.新闻大学，2020（2）：102-118，123.

携带的政治正确、道德内驱、情绪传染使政治舆论螺旋化传播。这种螺旋化建构是一个双向过程。"新黄色新闻"驱动者通过在地性地换取新闻合法性，打造往复循环的过滤气泡，推动"新黄色新闻"政治舆论的螺旋化传播。这表现为跟帖、删帖等限流操作。"新黄色新闻"政治舆论的螺旋化传播亦须回归受众。政治作为被中介化的经验，在娱乐媒体、流行文化中的栖身日益明显，政治在新媒体环境中表达的信息娱乐了大众①。"新黄色新闻"政治舆论通过政治正确博取受众注意力。受众将政治伦理、公平正义等政治正确内容当作建立圈层感、容纳度的法宝，对于政治正确的理性与非理性之辩则避而不谈。政治正确依附、激化"新黄色新闻"政治舆论。道德内驱通常是"新黄色新闻"政治舆论的驱动装置。作为无须知识涵养的虚拟物，道德可以在两极化的传播矩阵中加速"新黄色新闻"与"政治舆论"的互构，这也契合了"新黄色新闻"政治舆论本身的理性匮乏。道德内驱的"新黄色新闻"政治舆论往往呈现为关注、发声的人群声势愈加扩大，反之则愈加沉默。通过情绪传染，"新黄色新闻"政治舆论将聚集成群的人的感情和思想都转到同一个方向，他们自觉的个性消失了，形成了一种集体心理②。在这一过程中，"新黄色新闻"政治舆论不乏偏激、片面性的关于政治事件、人物或观点的单方面批评或赞美，忽略了事实的复杂性和多维度性。

二、"新黄色新闻"政治舆论驱动诱因

舆论的产生是多方面因素综合作用的结果。"新黄色新闻"将政治广场下放至舆论广场，造成政治广场与舆论场的重叠，并在重叠基础上放大"新黄色新闻"政治舆论的声势作用。"新黄色新闻"政治舆论赋予舆论接收者狂欢的"自由空间"，以释放自身的犀利感与渗透力。受众迅速接收舆论信号，达成回应。政治广场加剧"广场政治"，"新黄色新闻"政治舆论现象熵增，亟待揭橥背后的驱动诱因。

---

① 赵如涵，罗晨.交错与融合：信息娱乐化研究的学术图景［J］.当代传播，2017（6）：68-71.
② 勒庞.乌合之众：大众心理研究［M］.冯克利，译.北京：中央编译出版社，2014：11-12.

（一）市场逻辑：供需结构异化

21 世纪的新闻报道相较于新闻产生初期已有所异变，经济导向逐渐成为众多新闻的"主线"。以经济指标为驱动的新闻报道不再单纯垂坠于社会服务之下，履行反映与引导舆论的职能，而成为市场逻辑——生产舆论的忠诚遵循者。市场逻辑自有其自然性与现代性。市场逻辑将注意力这种人的先赋属性转化为经济属性。竞争性的媒体环境及算法的引入使得形式上追求感官刺激的新闻在传播力上获得了天然加权①。市场将注意力作为竞争点，"新黄色新闻"政治舆论是注意力型政治舆论。市面上大量"新黄色新闻"的实质是以注意力为可供性标准的政治舆论生产机器。资本的逐利趋向深度展演于市场逻辑之上，公民注意力及其数据被据为己有。MCN 机构成为孵化迎合市场逻辑、注意力型受众的"新黄色新闻"政治舆论集中地，自媒体营销号首先以"带节奏"的形式实现对"稀缺资源"的抢夺，占领"资源位"。而且，资本在"新黄色新闻"的演化基础上驱动利于己方的政治舆论。在完全的市场逻辑下，"新黄色新闻"政治舆论的政治公共性被覆盖、遮蔽，异化为资本逐利的推力工具，将"注意力经济"演绎到极致。如果说注意力是市场驱动下"新黄色新闻"政治舆论的"入场券"，那么流量则是"新黄色新闻"政治舆论的"通行证"。流量使"新黄色新闻"政治舆论的拟像化程度攀升，量化指标确证为流量。自导自演的"新黄色新闻"政治舆论沦为政治表演。对话题的强烈追逐与上风占位加上流量至上的魔咒使话题变得公私界限不明，私人生活升格为社会话题，引发政治主体的关注与共鸣。而且，资本在这一过程中利用平台优势排挤异质舆论，锁定个体与个性，进而导致"新黄色新闻"政治舆论的产生。

（二）共情传播：情感营销泛滥

在情感营销泛滥的现实环境中，"情感成为一种道德能量和社会资源，它既反映了特定历史条件下的道德和价值冲突，又是特定政治机会结构权衡下理性选择的结果"②。在情感的作用力、共鸣点之下，新闻从静态、独白式的"事实"转向了动

---

① 陈昌凤，师文．个性化新闻推荐算法的技术解读与价值探讨［J］．中国编辑，2018（10）：9-14.
② 郭小安．公共舆论中的情绪、偏见及"聚合的奇迹"：从"后真相"概念说起［J］．国际新闻界，2019，41（1）：115-132.

态、互动式的"体验"①。新闻内容制作在客观基底上增添了情感上的引导性，而正负向情感皆会导致产生政治舆论。"新黄色新闻"锚定新闻的情感偏向，政治舆论瞄准了公众的政治消费心理，二者以诉诸情感的方式达成"合谋"，促发"新黄色新闻"政治舆论。"新黄色新闻"本体通常为煽情技艺的化身，其以共情式的情感吸纳作为获取注意力、流量的捷径或"加速通道"。播报政治题材或与政治议题相关的"新黄色新闻"延续了对情感的深描。情感有正负之分，其中负向情感，如怨恨性、义愤性情感更易得到驱动者及其受众的双向青睐。政治事件及事件主体成为情绪载体，情绪进一步为"新黄色新闻"政治舆论服务。当以"新黄色新闻"为载体的政治事件或者报道主体催生政治舆论，在政治舆论中，这种情绪化和情感化往往表现为对政治事件、人物或观点的过度感情化处理，激发公众的情绪反应，而非理性的思考与讨论。尤其在"后真相"的作用力之下，"新黄色新闻"政治舆论则会在生发基础上愈演愈烈，进而撕裂整体理性社会，甚至让情感成为推动政治进程的决定因素，如"媒介审判"后操演为"舆论审判"。当理性与事实让位于情感，"新黄色新闻"政治舆论便野蛮生长，继而成为一体化的存在。

（三）达克效应：认知结构参差

邓宁（Dunning）和克鲁格（Kruger）把完成任务时对自己的能力做出不准确的评价，特别是能力最低的个体最大限度地高估自己的能力，甚至超过平均水平，而能力最高的个体则对自己的能力做出低估评价的现象称为邓宁 – 克鲁格效应（The Dunning-Kruger Effect），也称达克效应②。深度媒介化并未将网民形塑为全知全能的"知识精英"。相反，由于已有的认知结构及程式化的触媒习惯，网民对"新黄色新闻"政治舆论存在认知上的达克效应。知识水平较高的网民对"新黄色新闻"政治舆论持审慎态度，知识水平较低的网民"自由度"较高，易高估自身对"新黄色新闻"政治舆论的接受力及理解力。按照社会结构理论的机理，社会结构、社会阶层和群体关系对政治舆论形成具有重要影响。网民在认知现实及技术茧房的综合作用下强化"新黄色新闻"与政治舆论的"推拉关系"。"新黄色新闻"政治舆论在网民参差化的认知结构下耦合、进化。其中，用户新闻、自媒体新闻的涌现，使用户及

---

① 吴飞，孙梦如.数字新闻理论的创新与突破［J］.新闻记者，2023（5）：3-15.
② 陈彦君，石伟，应虎.能力的自我评价偏差：邓宁 – 克鲁格效应［J］.心理科学进展，2013，21（12）：2204-2213.

自媒体成为自主建构新闻的"过程性主体"，作为职业认同与规范将零散的新闻实践主体统合起来，成为新闻业实现自我"再生产"的精神资源①。相较于专业新闻从业者，用户及自媒体成为"新黄色新闻"政治舆论的潜在驱动者。用户及自媒体的媒体行为潜隐注意力、亲和力爆点，不论其行为目的正负属性，这种主观视角、情感叙事易成为"新黄色新闻"政治舆论的诱发因子。受众在自身推演的"新黄色新闻"政治舆论之下强化、窄化已有的认知、思维结构，再以相同基底构筑"新黄色新闻"政治舆论的滋生土壤，进而形成闭环。

三、"新黄色新闻"政治舆论风险审视

"新黄色新闻"政治舆论有显性与隐性之分。显性"新黄色新闻"政治舆论直接形成、显示为舆论现象。隐性"新黄色新闻"政治舆论栖身或依附于舆论本身。二者的区别在于显现度的差异。但无论是显性形式还是隐性形式，"新黄色新闻"政治舆论由多方诱发因子催生、显现，皆会导致产生政治舆论风险，影响正常的政治民主生态。

（一）模糊整体社会政治视线

"新黄色新闻"政治舆论会造成政治焦点偏移、注意力失散，进而模糊整体社会政治视线。现代社会存在外界无限信息与个体有限视力的矛盾，为将公众的视力焦点、注意力集中于营利导向的媒介产品上，"新黄色新闻"政治舆论往往是单向度的。反馈回路被漠视，驱动者流露政治冷漠。群众或者说公众希冀"入围"的新闻样例被声量控制，向上的新闻报道在"新黄色新闻"这里显得无力。而这恰恰导致"新黄色新闻"政治舆论的显现，而切实应予以注目的政治主体——社会弱势群体被忽视，真正应被关注报道的政治、社会问题被边缘化，如 2024 年 2 月的贵州山火事件。非重大政治、社会问题的导向偏移，将更多焦点及注意力导向舆论的细枝末节，甚至八卦绯闻。公共政治舆论失衡、藏匿，"新黄色新闻"政治舆论挤占

① 姜华，张涛甫．论传统新闻业的危机及其结构化根源［J］．新闻与传播研究，2022，29（1）：30-47，126-127．

公共舆论空间、浪费舆论资源。此时"新黄色新闻"政治舆论以怨愤性情绪为底色，造成舆论失焦的同时加重"新黄色新闻"政治舆论的负面色彩，撕裂政治舆论的民主性。

数字修辞的主观面向是"新黄色新闻"政治舆论导致焦点、注意力失散的另一种输出形式。"新黄色新闻"在报道过程中偏离传统专业新闻的界面形式。"新黄色新闻"政治舆论延续其呈现、传播特性。显性"新黄色新闻"政治舆论充斥着表情包、神曲、神图、拼贴、恶搞及夸张演绎等亚文化元素。隐性"新黄色新闻"政治舆论在亚文化元素背后"隐身"。如果说"新黄色新闻"政治舆论本身就可能造成政治、社会焦点偏移，那么亚文化元素的加持则加剧"新黄色新闻"政治舆论呈现、传播的"界墙化"、圈层化，导致新闻舆论在播报的偏移轨迹上日行渐远。数字修辞的主观面向指向了驱动者及受众双方。驱动者通过亚文化元素发布断言式、口号式、标语式的新闻，以主观、微观叙事透视并建构"伪政治事务"，进而诱发"新黄色新闻"政治舆论产生，造成官方叙事的权威性弱化。在这个过程中会出现来自公众"没有新闻真的可以不发"的戏谑式感喟，在不明真相的情状下以乐趣、从众、独异等为主导的心理推动亚文化式"新黄色新闻"政治舆论的传播、演化，甚至形成"广场效应"。螺旋化传播形式及消遣娱乐对新闻舆论本质的掩盖会造成并强化"新黄色新闻"政治舆论对整体社会焦点失散、离散、偏移的风险。

（二）政治信息"迷因化"传播

舆论一旦形成，便会携带大量信息。与主观数字修辞中的亚文化元素类似，"新黄色新闻"政治舆论携带复制迷因，但导向结果有所不同。"新黄色新闻"政治舆论导致非理性的政治传播——政治信息的"迷因化"。"迷因"最早由演化生物学家理查德·道金斯（Richard Dawkins）提出，被认为是"人脑中存在的类似基因的文化因子"[①]。贝尔哲伊（Börzsei）认为，网络迷因具有三个重要特征：简单、网络的可及性和可复制性[②]。

"新黄色新闻"政治舆论作为给定形式存在，具备加剧其风险维度的多维"迷因"。多维度"迷因"首先体现为简单化：偏重封面而轻视内容的畸形结构及娱乐

① DAWKINS R. The selfish gene [M]. Oxford：Oxford University Press，2016：249-250.
② BÖRZSEI L K. Makes a meme instead：a concise history of Internet memes [J]. New media studies magazine，2013（7）：9.

狂欢主导的信息氛围。当"新黄色新闻"摆脱传统新闻构造的束缚，标题党、封面党成为其激发新闻舆论消费的主要模式，"新黄色新闻"政治舆论的政治信息则被简单的"公式模板"套用，生成后的"新黄色新闻"政治舆论政治信息"空心化"，难以深挖信息内涵。其符合网络"迷因"的呈现形式并延伸网络"迷因"的传播形式。"新黄色新闻"有天然的娱乐性，而政治舆论总体留存于政治体系中。政治信息原本留在特定的公共事务媒体（如严肃新闻媒体）中，但是如今政治信息却越发体现在非政治层面，如娱乐化媒体中就包含大量的政治信息，这些信息成为政治辩论的刺激源①。"新黄色新闻"政治舆论愈加模糊、扰乱政治信息定位，使其在娱乐狂欢的主流氛围中迷失。模板化、段子化的信息产品被当作政治信息的实际展演，"新黄色新闻"政治舆论加剧其携带的政治信息的"迷因化"。

"新黄色新闻"政治舆论的政治信息在网络可及性与可复制性的"推力作用下"得到放肆地生产、传播。通过"新黄色新闻""诱导"政治舆论，进而产生政治信息，再运用政治信息强化"新黄色新闻"这种政治舆论往往是驱动者善于操演的"循环怪圈"。熟稔于网络传播的操作形式，受众作为"新黄色新闻"政治舆论接收方进行"再加工"，其标志性话语是"当时觉得挺有意思的，就拍了，没想到会火"。受众的纯粹信息或信息作品在生产过程中被围观，在传播过程被体认，强化"新黄色新闻"政治舆论的声势并加剧其负面影响。其中，能够在"新黄色新闻"政治舆论中生成的正向政治信息微乎其微且势单力薄，政治信息走向"迷因化"。

（三）引发次生政治舆论 / 灾害

"同一空间人们的相邻密度与交往频率较高、空间的开放度较大、空间的感染力或诱惑程度较强，便可能在这一空间形成舆论场。"② 舆论场基础设施的完备促成了"新黄色新闻"政治舆论的产生。"新黄色新闻"政治舆论在驱动者与受众双方情感与意识形态的缠斗之下演变为次生政治舆论。"次生政治舆论是以政治情感和政治信念为核心在公共政治舆论之后脱离事实真相而形成的政治舆论。"③

① CARPINI M X D, WILLIAMS B A. Let us infotain you: politics in the new media environment [J]. Mediated politics: communication in the future of democracy, 2001: 160-181.

② 陈力丹. 舆论学 [M]. 上海: 上海交通大学出版社, 2012: 57.

③ 张爱军，秦小琪. 网络时代"后真相"次生政治舆论的双重功能及其平衡策略 [J]. 探索, 2018（3）: 85-94.

　　"新黄色新闻"政治舆论本身具有以情感与意识形态为型构要素的结构性冲突，情感与意识形态在流播过程中又进一步激化"新黄色新闻"政治舆论。如前所述，在与情感营销——共情传播的和鸣之下，"新黄色新闻"政治舆论驱动者及受众皆为情感的附庸者、追随者。当"情本位"的文化要素主导新闻舆论，那么整个社会的理性程度就会受到影响。情感要素占据制高点的"新黄色新闻"政治舆论在本体即为舆论化身的情况下，引发次生政治舆论甚至次生政治舆论灾害，将不明真相的现实变为社会的内在动机，政治变得情绪化，即会出现在"新黄色新闻"政治舆论中，驱动者刻意进行情绪引导，以及公众拒绝正视事实的"真相"的情况。意识形态相对于情感，在"新黄色新闻"政治舆论中显得并不突出，借助于算法工具性和中立性的外衣，意识形态潜藏于智能算法技术运行的各个流程[①]，更多在情感驱使之下进行附和、表演、隐身，但其作用力更为深厚。由于意识形态的存在，个体将"新黄色新闻"政治舆论当作情感释放、价值观表态、认知体现的"窗口"。由于具有意识形态或者深度信念，次生政治舆论成为驱动者及受众建构另类话语体系的"灰色地带"，加剧"新黄色新闻"次生政治舆论的危害。

　　"新黄色新闻"政治舆论在公众正当利益诉求得不到保障的情况下导致政治冷漠，进而诱发次生政治舆论。不明真相的驱动者、受众与其诉求维护的动机并不相悖。次生政治舆论灾害覆盖之下亦包含明白真相的公众。不明真相的驱动者及受众在情感与意识形态的作用下易通过"新黄色新闻"政治舆论进行利益申诉。而明白真相的公众在远离"新黄色新闻"政治舆论的情况下加剧对舆论形态的冷漠。无论是否明白真相或者被说成被"新黄色新闻"政治舆论感染，公众正当利益诉求保障的失位皆会造成政治冷漠，进而引发次生政治舆论风险。

（四）悖于主流政治舆论基调

　　"新黄色新闻"政治舆论有悖于主流政治舆论。主流新闻报道是产生、引导主流政治舆论的主阵地。"新黄色新闻"相对于主流新闻为对立存在，"情感设置"挤压"议程设置"。"新黄色新闻"政治舆论对应主流政治舆论，在同步时空限制下，具有有悖于主流政治舆论、冲击主流政治舆论甚至削弱主流政治舆论政治影响力的风险维度。主流政治舆论具有展演、强化主流媒体影响力的功用。而"新黄色新

---

① 吴倩倩.论智能算法技术的意识形态性及其应对策略［J］.思想教育研究，2023（2）：90-96.

闻"政治舆论以噱头、看点为主要内容，多数背靠资本。对舆论的"局内人""局外人"而言，"新黄色新闻"政治舆论所建构、呈现的社会样态被泛娱乐化。"局内人""局外人"可能以泛娱乐化眼光、价值观看待社会，威胁社会主流价值取向的形塑。在主流政治舆论基调式微的社会情境下长期生存、成长的政治主体，其意识形态成为营构次生政治舆论的潜伏因子。游离甚至脱离主流意识形态的政治主体家国意识淡化，社会共情程度下降。有悖于主流政治舆论基调的"新黄色新闻"政治舆论撕裂社会整合性与和谐度。

"新黄色新闻"政治舆论与主流政治的站位不同，导致舆论基调日渐走偏。主流政治舆论"数字后台"通常是公共权力，外化为公共政治舆论。主流政治舆论服从、服务于公共权力。主流政治舆论站在为公众集体发声的"通道"上，具有凝聚向心力的优势。"新黄色新闻"政治舆论多持存、关涉公民权利，以公民权利为落点。但其中不乏打着"保障、维护公民权利"的幌子玩弄"新黄色新闻"政治舆论。公民权利的保障、维护具有政治必要性，但以"新黄色新闻"政治舆论为手段或者由此释放的公民权利信号不具备正当性，自然也就背离了主流政治舆论基调。

（五）政治舆论的舆论性丧失

在价值实现上，新闻的本原价值优先于延伸价值。[①] "新黄色新闻"的延伸价值越过本原价值。从舆论类型来看，"新黄色新闻"政治舆论隶属于舆论。舆论为社会皮肤，舆论约束社会。"新黄色新闻"政治舆论的舆论延伸性越过舆论本原性，本原政治舆论导向偏移。约束型政治舆论变为表演型政治舆论，政治舆论的监督制约功能退化为资本盈利的工具。政治舆论的舆论性丧失，"新黄色新闻"政治舆论不仅是对信息传播的扭曲，而且是对公共讨论的破坏。"新黄色新闻"政治舆论的发酵、传播，导致信息环境的混乱与信息质量的下降。感情化、极端化的政治议题呈现，忽略了客观事实与多元观点。公众对政治议题理解的形式及结果的片面、偏颇易造成语境崩溃风险。"新黄色新闻"政治舆论的流行促使政治舆论极化或对立化。"新黄色新闻"政治舆论以激进立场与情绪化语言引导公众，加剧社会分裂、政治对立。公众倾向于将自身局限锁定于特定政治立场或意识形态之中，对不同观点的尊重与理解素养下降，使得政治讨论僵化、敌对。

---

① 杨保军.论新闻的价值根源、构成序列和实现条件［J］.新闻记者，2020（3）：3-10.

"新黄色新闻"政治舆论的持续流播令舆论"真实"走向虚无主义——"真实本身也在超真实中沉默了"①。新闻舆论关于"真实"的公信力滑向虚无，人们对其事实性认知结构将逐步瓦解。"新黄色新闻"政治舆论损害政治舆论的稳定性、权威性，公信力降低导致信息分散、碎片化，政治舆论难以形成共识，降低政府及其他权威机构的舆论引导能力，加剧政治舆论的混乱、不确定性。"新黄色新闻"政治舆论表现为对政治事件、人物或观点不负责任的指责或猜测性报道，破坏了公众对政治信息的信任与理性判断能力。伪舆论、虚假的舆论刺激使政治机构及其代理人的政治权威消解，在造成权威失位与话语真空的同时，削弱公众政治信任与政治获得感。

四、"新黄色新闻"政治舆论消解理路

"新黄色新闻"政治舆论的产生、传播、反馈会引发系列风险。"新黄色新闻"政治舆论已成为风险社会的加速议程之一。"技术－文化"逻辑下的负向产物与政治舆论的缠连将现代社会的媒介治理推向新的高潮。从管理者、资本、公众的约化角度突破"新黄色新闻"政治舆论治理的窠臼，能够为问题具象提供共识性治理思路，消解"新黄色新闻"政治舆论。

（一）管理者加强善治建设

"新黄色新闻"是继黄色新闻后的又一传媒失序现象。其与政治舆论透明或不透明的联合促成"新黄色新闻"政治舆论，成为亟待纠偏的舆论分支。作为一种治理理念，国家善治实现了"自治、法治、德治"的有机统一，为解决公共问题提供了可资借鉴的一般规律和理论范式，将其嵌入公共文化治理，能有效引领公共文化治理的实践方向，为公众提供更为优质的公共文化产品和服务，让公众获得更为主动的精神力量②。善治建设可筑牢"自治、法治、德治海堤"，以击退"新黄色新闻"政治舆论浪潮。

---

① 汪民安，陈永国，马海良.后现代性的哲学话语：从福柯到赛义德［M］.杭州：浙江人民出版社，2001：325.

② 张波，丁晓洋.国家善治与公共文化治理的互动机理与路径统合［J］.学术研究，2022（4）：35-40.

第一，管理者强化自治建设。政府机构及新闻行业管理者将治理目光仅滞留于黄色新闻，已不具备科学性与前瞻性，其对"新黄色新闻"政治舆论的产生及其影响应变能力较弱。政府机构及其代理人应培养自身正确的新闻观、舆论观及职业操守，提升专业管理水平，增强对"新黄色新闻"政治舆论的甄别及处置能力，减少其制作、传播的可能。这一过程中需要管理机构及其人员在"新黄色新闻"政治舆论的发端、过程、结尾制定相应的应对机制。建立、完善舆情预警监测机制，对"新黄色新闻"政治舆论的营构因子、传播渠道进行识别、捕捉，防范加剧社会政治性抑郁的"新黄色新闻"政治舆论产生。引导"未成形""新黄色新闻"政治舆论回归新闻舆论本身，向良性状态进发。针对"成形""新黄色新闻"政治舆论，管理者可通过公共舆论引导活动，引导公众形成理性、客观的政治观点与态度，组织专业学者、政治领袖等开展政策解读及舆论引导活动，及时进行舆论回应，传递真实、客观的政治信息。在后续的"新黄色新闻"政治舆论处置收尾阶段，通过专门机构、部门"核查"其生发根源，对不实、夸大、歪曲等舆论问题及时整改。尤其对涉及网络造谣的"新黄色新闻"政治舆论进行纠察、记录。

第二，管理者强化法治建设。现代法治是良法善治，是形式法治与实质法治的有机统一。[①] 制定并执行严谨的新闻舆论监管法规，明确规定对散布虚假信息、制造谣言、煽动仇恨等"新黄色新闻"政治舆论行为的处罚标准与程序，明确对"新黄色新闻"政治舆论违法行为的惩处力度。同时，建立健全政府与媒体的合作机制，强化各类媒体及用户自律，规范新闻报道行为、舆论接收行为。加强对传统媒体、自媒体、受众监管，对故意散播、点燃"新黄色新闻"政治舆论之火的相关主体予以制度明示及规制，以降低"新黄色新闻"政治舆论的传播风险。

第三，管理者强化德治建设。回归"新黄色新闻"政治舆论的生发根源。"新黄色新闻"政治舆论映射政治社会生活实际，现实衍生的政治信任危机对应民生不稳定性。民生关乎"新黄色新闻"政治舆论演化态势。政府应积极回应、根治民生问题，强化对以人民为中心的体认，实践提升人民生活幸福感及社会和谐度，以政治认同、政治效能弥合政治舆论，以社会幸福感对接社会挫败感、相对剥夺感。管理者可通过加强社会主义核心价值观的宣传教育，引导公众树立正确的价值取向与

---

① 梁平 . 新时代法治型国家治理的理论阐释［J］. 法学论坛，2024，39（1）：74-81.

政治信仰。培育社会主义核心价值观的认同感、自信心，增强公众对于健康政治舆论生态的追求与维护，减少对"新黄色新闻"政治舆论的接受与传播。

（二）以技术达成舆论和解

"新黄色新闻"政治舆论治理的最佳状态是政府委托与社会代理的双向联合。其中，社会代理包括资本代理。现代资本与物化技术达成"合谋"。作为传播交互行为的主导性力量，资本技术随带逐利性。这种逐利性展演于"新黄色新闻"政治舆论流播、演化过程，技术载体上的"新黄色新闻"政治舆论损害政治社会的技术统合性及价值观，造成"新黄色新闻"政治舆论与政治现实的矛盾。以技术规制技术，加深资本技术的人文性，助力消解"新黄色新闻"政治舆论，达成与政治社会现实的和解，以资本正义守卫政治舆论安全。

技术规制强调可供性的反向作用。算法、大数据、人工智能等技术刺激、生成、传播"新黄色新闻"政治舆论。技术可供性启发资本技术的反向驯化。在"新黄色新闻"政治舆论失序未显现之前，资本可开发、应用自动化信息验证工具，检测、筛选"新黄色新闻"政治舆论因子。基于机器学习与自然语言处理的算法，它能够分析文本与多媒体内容，识别虚假信息、误导性信息与不实谣言，并对其进行及时辨别与标记。资本在反向应用中要客观审视智能算法技术的意识形态性，把握算法影响下的意识形态生产传播规律，强化主流价值对算法逻辑的驾驭引领。[①] 算法权力附带资本正义价值标准，降低"新黄色新闻"政治舆论的推荐频次。同时，平台数据主义并非纯粹存有逐利驱使的计算理性，以"液态监视"收集新闻舆论数据以牟利。数据挖掘、文本分析、社交网络分析可用于探赜"新黄色新闻"政治舆论传播走势、找寻消解理路。其中，数据清洗（Data Cleaning）可在人为视域下提升传播过程中的数据质量与准确性。舆论消解的后续阶段做好"新黄色新闻"政治舆论的数据读取及反思。将人工智能用于"新黄色新闻"政治舆论事前把关、事后把关的重复性操作中，"智能把关人"实时监测信息流以制动新闻舆论因子，分散、化解内容审核及管理的人力负荷。

技术"福音"或"噪声"取决于人。正如麦克卢汉所言，"我们塑造了工具，

---

① 吴倩倩.论智能算法技术的意识形态性及其应对策略［J］.思想教育研究，2023（2）：90-96.

此后工具又塑造了我们"①。技术缩减社会区隔，数字技术的泛连接加剧"新黄色新闻"政治舆论的态势扩散与形态僵化。可将数字文化与治理文化的"联想序列"变为"现实序列"，利用资本驱动的时兴技术反向驯化自身。资本技术参与"新黄色新闻"政治舆论治理须厘清主线，在受众喜好度、内容丰富度及舆论传播度之间落实平衡之处。"技术赋能"可加快正向新闻舆论的转化与增值速度，透析数字文化，使其高质量应用，实现"新黄色新闻"政治舆论传播矩阵的自我解围。

（三）舆论素养习得与升维

公众为"新黄色新闻"政治舆论的风向标，公众引导资本建构并强化"新黄色新闻"政治舆论想象。公众认知结构参差为"新黄色新闻"政治舆论的驱动诱因。弱化的公众舆论素养导致"新黄色新闻"政治舆论"劣币驱逐良币"，一个由乌合之众组建的舆论环境势必成为"新黄色新闻"政治舆论的天然温室。公众舆论素养的习得与升维具有消解"新黄色新闻"政治舆论的增量作用。

公众应强化正向舆论素养的习得。公众在舆论环境中应持续保持谦逊姿态，充当学习角色，不断更新认知结构与体系，及时探究政治舆论的新变化与新趋势，通过无限吸纳学习数据，提升对政治舆论的敏感度与理解力。公众应培养批判思维，形成理性、客观、负责任的舆论信息消费习惯，不轻信、不盲从舆论信息，以深入分析评估、辨别舆论真实性及可信度。批判性思维应建基于对事实的客观认识及对观点交合的综合考量，避免被"新黄色新闻"政治舆论引导、误导。

公众应合理管控舆论情绪。"新黄色新闻"政治舆论可能脱身于公众极端化情绪，并在极端情绪化中撕裂。公众的共情能力与情绪表达能力的得当运用会强化社会和谐度，不当运用会加剧社会极化风险。如同集群事件的爆发一样，情绪使公众在"新黄色新闻"政治舆论中迷失，沦为"情感计算"的傀儡。公众身处于社交网络与在线平台，应强化自身情感管控、保护能力，避免成为驱动"新黄色新闻"政治舆论的工具。

公民新闻侧面映射公众舆论表达的重要向度。公众应积极参与公共讨论与知识共享，促进政治议题多元化，消解"新黄色新闻"政治舆论对注意力的吸纳。公众参与对"新黄色新闻"政治舆论的监督、举报工作，向相关部门、平台举报虚

---

① 麦克卢汉.理解媒介：论人的延伸［M］.何道宽，译.北京：商务印书馆，2000：4.

假信息、歪曲事实或其他违法违规内容，对舆论清理、处理发挥推力作用，净化网络空间，消解"新黄色新闻"政治舆论，降低"新黄色新闻"政治舆论的传播风险。

结语

正向政治舆论整合社会力量。"新黄色新闻"政治舆论成为政治舆论生态的"利维坦"，"新黄色新闻"政治舆论撕裂政治舆论生态。作为一种负向政治舆论，其牵连正向政治舆论的功能施展与演化。"新黄色新闻"政治舆论在"新黄色新闻"基础上将正向舆论监督下的真实社会变为"超真实"社会。煽情、夸张、猎奇要素充盈的"超真实"社会将使现代社会的意见气候变得迷茫，使正向功能政治舆论主导的政治舆论体系摇摇欲坠，加剧风险社会的演化程度或现代社会的不稳定性。在尊重实然、坚持应然的基调之下，从政治机构、资本及公众视角合力共治"新黄色新闻"政治舆论也就具备确证性。只有将"新黄色新闻"政治舆论摒斥于常态化政治舆论体系之外，才能回归整体性的政治舆论生态。

（作者张爱军系西北政法大学教授、博士生导师，网络政治传播研究院院长；
张薇薇系西北政法大学网络政治传播研究院研究员）

作为一种沟通手段：政治沟通现代化
视域下的政务社交媒体评论研究

◇高存玲　杨清壹

摘　要： 数字化生活图景下，政务微博、政务抖音等的大量开设让政务社交媒体评论成为政治沟通的新工具。社交媒体评论不是传统意义上被动的、不可见的"意见黑箱"，用户发表的评论与正文形成的互文叙事经过扩散、生成、学习和动员四个环节，并结合呼吁、忠诚、退出三种策略让众意最终形成公意，输入政策处理系统。作为政府决策边缘群体的普通公众借助社交媒体评论，改变了以职能部门为中心的决策过程。作为一种政治沟通手段，竞争性真相、沟通对象的前现代性、公共部门沟通能力欠缺、新兴的数字权力均影响了社交媒体评论沟通效能的发挥。应对之策在于打造可信任的政府、完善数字权力运行规则、提升政务社交媒体沟通能力、提升公民交往理性与资质、发挥市场的协同力量。技术路径是提升政治沟通现代化水平和国家治理能力的有效手段，也为中国特色社会主义民主开启了新的可能方式。

关键词： 政务社交媒体；评论；政治沟通；治理创新；社会主义民主

一、问题的提出：政治沟通现代化的背景与意义

中国作为全球信息技术应用的头部国家，社交媒体已经深度渗透到公共生活当中，成为电子公共领域的最新载体。从规模上看，中国不仅是网民数量最多的国家，政务号数量也蔚为可观。根据《第 55 次中国互联网络发展状况统计报告》，截至 2024 年 12 月，我国 31 个省（区、市）均已开通政务微博，经过新浪平台认证

的政务机构微博账号总数达 90 271 个。相比之下，全国政府网站不过 13 580 个。^①
政府部门已在社交媒体上形成了较为完整的"数字孪生"。从沟通方式上看，政务
社交媒体出现明显的人格化现象。政务号除了发布政策通知，还以有趣、通俗和接
地气的方式发布一些与社会热点、本部门职能或日常生活相关的内容以吸引网民关
注。网民通过评论、对话、点赞等方式与人格化的政务号进行沟通，实现了国家与
社会在公共领域的全新互动。

新兴技术的赋能带来了政治空间的扩展和社会权力运行方式的变化，新技术的
介入也产生了新的社会管理需求。信息技术的发展在政治领域带来的一个直接结果
就是民主政治的扩张。现代化理论认为，"信息技术是政治进步，尤其是民主政治
发展的一个前提条件"^②。另有学者将每千人拥有的收音机、电话和报纸的数量视为
民主程度的指标。^③ 社交媒体以其信息传播的即时性、互动性、广布性，让社会群体
能够以较低的组织成本进行网络集体行动，促进了公共议题的传播和公共辩论的形
成。基层的政治参与者借此对不信任的公共机构和不认可的公共政策施加压力。与
此同时，公共机构压制基于信息的社会运动的代价——无论是成本、效率，还是合
法性损害，都大幅上升。传统的政治沟通方式同社会化、平等化、非中心化的社交
媒体环境互斥。如何与社交媒体环境下的网络集体行动互动，并最小化其对传播秩
序的扰动和对政权合法性的伤害成为公共治理的新挑战。

第三波民主化浪潮后的治理失败、全球民粹主义盛行下自由主义意识形态的式
微越发彰显一个命题：国家治理主要不是一个意识形态问题，而是一个技术问题。

一个国家的政治沟通能力越强，其回应社会需求的能力也就越强，公共决策的
理性化程度也就越高。《中共中央关于坚持和完善中国特色社会主义制度　推进国家
治理体系和治理能力现代化若干重大问题的决定》提出："必须加强和创新社会治
理，完善党委领导、政府负责、民主协商、社会协同、公众参与、法治保障、科技
支撑的社会治理体系，建设人人有责、人人尽责、人人享有的社会治理共同体。"^④

---

① 中国互联网络信息中心 . 第 55 次中国互联网络发展状况统计报告［R/OL］.［2025-01-03］. https://www.cnnic.net.cn/NMediaFile/2025/0313/MAIN17418452848150SDUMQZGSU.pdf.
② 郑永年 . 技术赋权：中国的互联网、国家与社会［M］. 邱道隆，译 . 北京：东方出版社，2014：98.
③ LIPSET S M. Some social requisites of democracy：economic development and political legitimacy［J］. American political science review，1959，53（1）：69-105.
④ 中共中央关于坚持和完善中国特色社会主义制度 推进国家治理体系和治理能力现代化若干重大问题的决定［EB/OL］.（2019-11-05）［2024-11-03］. http://www.gov.cn/zhengce/2019-11/05/content_5449023.htm.

在 5G、人工智能等新技术的驱动下，社交媒体在公共领域同时对国家和社会进行了赋能。对于国家来说，信息传播和处理技术的跨世代革新极大地丰富了治理工具箱，必然要求与之相匹配的政治沟通能力，实现政治沟通的现代化。政治沟通现代化成为国家治理现代化的重要方面。

尽管我国也建立了信访、听证会、市长热线、读者来信等民众到政府方向的沟通渠道，但这些沟通渠道始终局限于政治系统内部，具有很强的封闭性。同时，政府到民众这一沟通方向的频率、规模、渠道、效果远超民众到政府的沟通方向。这些特点与现代化的政治沟通要求不匹配，也不利于实现国家治理体系和治理能力现代化。所谓政治沟通现代化，即以善治为目的，公共部门适应民众的信息表达和信息接触习惯，运用现代信息工具和民主传播伦理，发布、解释公共政策，收集、分析、回应公民意见和诉求，以提高政治沟通效率和透明度，提升治理效能。政治沟通现代化主要包括沟通过程的开放性、沟通工具的媒介化、沟通方法的科学化和沟通结果的问责化。沟通过程的开放性是指政治沟通不能局限于政治系统内部，要向社会普遍公开，满足民众对沟通事项的知情权；沟通工具的媒介化强调政府部门要善于利用各种新兴媒介工具和网络媒介平台，充分收集民意，有效扩散政府意志；沟通方法的科学化强调政府部门要适用网络传播规律，通过有效的信息传播和舆情管理达到沟通目的；沟通结果的问责化主要针对社交媒体时代频发的涉政网络舆情和网络群体性事件，这些事件的发生与低效的政治沟通密切相关，这就需要对相关责任人进行问责。总之，公共部门如何同社会进行有效互动、回应公民的政治诉求、促进理性的沟通秩序，成为政治沟通现代化面临的重大治理创新问题。

本文使用"政治沟通"而非"政治传播"，与本文的研究对象有关。political communication 相关研究兴起于 20 世纪四五十年代，在汉语语境中这一词汇有"政治沟通"和"政治传播"两种译法。同为 communication 一词的汉译，"沟通"和"传播"具备明显不同的意涵。"传播"暗含传者本位，侧重于传播者将信息单向地"传"给接收者。"播"字还有"散播"的意思，如报纸、广播、电视等大众传媒在同样的时段将同质化、大批量、可复制的内容无差别地散播给为数众多匿名的接收者。而"沟通"则涉及传受双方的互动，强调通过信息的你来我往达成一致，这正与社交媒体的互动性相契合。"沟通"和"传播"的分野也与 political communication 研究的两条路径相对应。第一条研究路径是以心理学、社会学、行为科学及传播学等方面的知识为基础，研究政治态度的形成与变迁、民意的构成、政治演说、竞选言行、大众传媒和政治心理等领域。第二条研究路径依据信息论、控制论与系统论的原理和内容，研究政治系统信息的流动过程和反馈过程^①。

本文从上文提到 political communication 研究的第二条路径出发，将政治沟通视为政治信息的流动和交互。任何一个完整的政治沟通过程都离不开政府和民众双方的"出场"，政治信息只有实现双向流动才是真正的"沟通"。微博等社交媒体平台为普通民众提供了以公开的方式向政府机关进行政治言说的非制度化渠道。正是在这个意义上，本文将以微博评论为代表的政务社交媒体评论视为一种新型政治沟通方式，充分认识并有效应对这一政治沟通方式成为政治沟通现代化的重要方面。本文的社交媒体评论是指社交媒体评论区的所有互动行为，包括写评论、回复评论、点赞某条评论等。

二、政务社交媒体评论的政治沟通模式

麦克卢汉认为，"一旦一种新技术进入一种社会环境，它就不会停止在这一环境中渗透，除非它在每一种制度中都达到饱和"^②。社交媒体成为电子公共空间的最新载体，介入社会过程的同时依靠"媒介逻辑"重塑公共领域的实践和过程，并将其限制在适合社交媒体的表现形式上。社交媒体区别于传统媒体的重要特征是，社交媒体账号发布的内容和其他用户的评论共同构成了文本的整体。用罗兰·巴特对可读文本和可写文本的区分加以阐述就是：社交媒体的社交属性及开放的评论区使其成为网络空间的一种可写文本载体。

经典政治系统论将政治沟通描述为一个需求输入和结果产出的过程：公众议程中的政治需要和支持由公众议程进入政府议程，其图示为"需求与支持 →输入 → 政治系统"。那么，社交媒体时代，用户的评论是如何转变为政治需求并输入政治系统的呢？研究者以 2020 年 2 月的微博热搜话题"青岛严防境外疫情输入扩散"中青岛市政府官方微博 @青岛发布的评论池为例，探讨社交媒体评论的政治

① 陈振明，陈炳辉.政治学：概念、理论和方法［M］.北京：中国社会科学出版社，2004：349-350.
② 麦克卢汉.理解媒介：论人的延伸［M］.何道宽，译.北京：商务印书馆，2000：226.

沟通模型。

（一）事件始末及评论情况

2020 年 2 月下旬，青岛已连续多日未出现新冠肺炎新增病例，但 H 国感染人数却在不断上升。当天，有网友发布微博称："H 国 S 市飞青岛航班，单趟本来都是 500 左右，明天的都快 4000 了，H 国人全往青岛来了。"中午前后，这条微博及其相关截图就在众多青岛网友的社交媒体平台流传。

2 月 23 日和 24 日，相当数量的微博用户就此事在 @ 青岛发布、@ 崂山发布、@ 青岛卫生健康等微博账号的评论区发表评论，要求停飞 H 国到青岛的航班并加强对来青岛 H 国人员的管控。

在公共政策领域，政策议程"是对政府官员及与其密切相关的政府外人员在任何给定时间认真关注的问题进行的编目"[①]，也就是政策问题纳入政治系统行动计划的过程。在利用政务社交媒体开展的政治沟通中，个人用户发表评论表达对公共问题的关切，意味着这一问题进入了他的个人议程。热门评论唤起其他读者的共鸣，促成公众对该问题形成较为一致的看法和倾向，从而上升为公众议程。评论的大量聚集形成舆论压力并对政府官员施加影响，最终形成政府议程。研究者对微博账号 @ 青岛发布 2020 年 2 月 23 日至 3 月 3 日的评论池进行梳理，归纳出个人用户将个人议程输入政府议程的 10 种策略（见表 1）。

表1 个人议程输入政府议程的10种策略

策略	议程框架	典型评论
预警	呼吁关注潜在政策问题	（1）希望政府重视 H 国反向输入问题，青岛有太多 H 国人了，小区附近就有很多 H 国人。 （2）管控好从 H 国和 R 国来青岛的人员，防止国外输入性暴发。
请求	强烈要求公共部门重视某一问题	（1）大哥，我真是怕了，青岛 H 国人那么多，我恐惧，我瑟瑟发抖，求求你们管管吧，求求了！ （2）真心请求政府相关部门引起重视，青岛常住 H 国人口不少，为了警惕反向输入，必须采取必要的强制隔离措施！！

① 金登.议程、备选方案与公共政策［M］.丁煌，方兴，译.丁煌，校.北京：中国人民大学出版社，2004：4.

续表

策略	议程框架	典型评论
警告	对政策后果的警示	（1）就不能自己主动一点儿采取点措施！！非得等到事情不好控制的时候吗！！看看武汉什么样的下场！许多群众被隔离了将近一个月了，要功亏一篑吗？ （2）H国来青人员要隔离的呀！！闹大了，谁也担不起这责任！
询问	就公共问题的细节进行咨询	（1）能不能公布一下，自H国疫情暴发（大约从2月20日）以来到现在来青岛的人到底有多少？这些外国友人接受什么样的治疗？治疗费用出自哪里？如果有人不自觉隔离，青岛市政府是否会选择采取法律措施？如果感染人数增多，我市或我省是否能保证足够的医疗资源？ （2）今天首尔抵青又有8架航班，请问有隔离措施吗？
事实补充	提供相关信息和细节	（1）能不能帮我顶上去，H国RC机场明天入山东青岛，由平时500的流入量，突然从今天下午激增7000，现在青岛零确诊好多天了。 （2）举报云南路街道办事处不作为，莘县路九号防控形同虚设！
政策建议	提出具体的措施和建议	（1）希望他们入境青岛后对其进行14天隔离。 （2）H国人过来，不要免费治疗。
质疑	对公共部门的处理措施表达疑虑	（1）居家隔离你们怎么保证不出门？门又没被封死，为什么不集中隔离？ （2）网传H国来青人员不用隔离，若属实，应尽快纠正，也应隔离14天，避免前期全市人民努力功亏一篑。
联想	对公共问题潜在后果担忧	（1）H国人信教的特别多，说不准来个啥新天地的就坏了，最近街上人那么多。 （2）H国人能乖乖在家隔离吗？有确诊的怎么办？占用我们国家的医疗资源，我们医护人员多危险。
动员与煽动	试图影响他人的态度或行为	（1）你们见他什么时候回复过，都去打12345吧。 （2）我打了青岛、烟台，甚至山东省热线。看新闻还是这样，R国、H国入境人员没有全部统一被隔离。希望大家都打。
重复	上述框架的刷屏式重复，避免议题被忽视	

由上可见，在此次事件中，政策问题的输入不完全来自抗疫工作中处于中心地位的公共职能部门。社交媒体个人用户的早期留言表达了公众对政策问题的预警，形成了政策问题的提出。整个过程从议题的提出和议程框架的形成都偏离了传统的决策过程。过去作为政府决策边缘群体的普通公众，通过社交媒体评论形成了对决策过程的刚性舆论压力，改变了抗疫过程中以公共职能部门为中心的选择议题优先顺序的范式。

（二）社交媒体评论的政治沟通机制

社交媒体对于政治沟通的颠覆性作用在于，完全抹除了生活世界中阻碍人们沟通的政治经济地位差别，营造了一种人人平等的媒介环境。在社交媒体中，个人或组织有了一个新的存在方式——用户。身份不再成为沟通的障碍。一个普通百姓可以在平台内无障碍地直面政治官员。政治官员也可以引用、转发、点赞平民的言论。传统意义上的"制度化的政治沟通"强调的那种科层制原则的"上—下"沟通结构消失了，取而代之的是"用户对用户"的对等沟通结构。

对于政治沟通来说，社交媒体的评论区并不是传统意义上被动的、等待被开启的"意见箱"。社交媒体的交互功能和独特属性，使社交媒体评论具备了区别于信访等其他政治沟通方式的特殊机制。这一机制包括四个过程：扩散、生成、学习和动员。

1. 扩散

评论聚集用户的注意力，扩散政治信息。阅读和评论等对传统媒体传播效果很难产生影响的媒介使用行为，成为影响社交媒体传播效果的重要变量。以抖音为例，用户每发布一个视频，系统就会随机推送给其他数百个用户，这些用户构成了该视频的初始流量池。视频在这些用户中的完播率、点赞率、转发率、评论率等数据表现，决定该视频是否会被推送至规模更大的二级、三级及更高级别的流量池，进而影响最终观看数据。微博热搜的本质是对获得较高搜索量的关键词的聚合。在现实操作中，新浪微博会自动抓取并识别一些阅读量、转发量和评论数较多的话题作为热搜词条。社交媒体上的公共议题阅读和评论越多，扩散至其他社会群体的能力就越强，也就越能聚集关注，进而成为公众议程。对于社交媒体来说，阅读即扩散，评论即传播。

2. 生成

评论生成事实、观点和情绪，补充单一叙事。批判的语言分析理论认为，话语不仅是社会过程和结构的反映，同时也建构了社会过程和结构。现代社会是一个以知识为基础形成的政治经济架构。知识成为现代社会法制建构、权力运行及道德实践的决定性力量。知识的书写不仅涉及事实的探究，而且反映了权力实践的安排。"在每个社会，话语的制造是同时受一定数量程序的控制、选择、组织和重新分配的。"①"真理与谬误"的排斥系统在政治领域导致了谁定义了事实，谁就掌握了真理，生成了权力。在传统媒体时代，对公共问题的书写被公共部门或新闻机构垄断。对事实的取舍和描述体现的是政治精英的权力意志或媒体从业者的价值偏向。社交媒体时代，评论与正文之于事实构成了一种相互支撑的关系，正文失去了对事实的宰制力量。评论通过构建新的话语不断揭示出正文中被遮蔽的事实或隐含的意义。"评论—正文"以一种互文的方式生成了动态的事实，展现了公共问题的不同维度和多元视角。政务社交媒体的正文用权力叙事展示权力视角，网民评论以个人话语展现权力叙事缺失的细节、情绪、异议与不满。

3. 学习

评论加速政治信息的获取，使用户获得新的政治态度。在传统的制度化政治沟通方式中，输入环节的政治需求处于对公众不可见的"黑箱"之中，仅仅是一个被收集、被输入的客体。但技术工具的介入使需求的"黑箱"成为开放的、可进行群体交互和意见产出的平台。用户在评论区首先阅读到的是热门置顶评论。一条评论之所以成为热门，在于作者将权力叙事的可读文本解构成市民化的可写文本。这一互文性文本对社会群体产生了三重作用：第一，使他们了解更全面的事实和被遮蔽的意涵；第二，使他们获知现实与理想状态的差距，"渴望和指望之间，需要的形成和需要的满足之间，或者说在渴望程度和生活水平之间造成了差距"②，就会积累政治不满；第三，使他们获得处理相关公共问题的政治技巧和行动策略。

4. 动员

评论增强政治互动，加速网络集体行动。在评论区，用户以"虚拟共在"的方式就共同关心的公共问题进行讨论，共享信息和情感状态。然而，信息和情感获取是个体行为，用户是如何克服集体行动的困境而实现政治动员和政治参与的呢？答案是认同政治③。评论获得关注的策略通常是构建共同的想象和身份。网民通过点赞、转发、评论与追评等方式不断确认身份认同，动员用户参与到评论的话语集体行动当中。这样的集体行动根据赫希曼的观点可以分为三类：忠诚、呼吁和退出④。

① 福柯.话语的秩序［M］.肖涛，译//许宝强，袁伟.语言与翻译的政治.北京：中央编译出版社，2001：3.
② 亨廷顿.变化社会中的政治秩序［M］.王冠华，等译.北京：生活·读书·新知三联书店，1989：50.
③ 郑永年.技术赋权：中国的互联网、国家与社会［M］.邱道隆，译.北京：东方出版社，2014：112.
④ HIRSCHMAN A O. Exit，voice，loyalty：responses to decline in firms，organizations，and states［M］. Cambridge，MA：Harvard University Press，1970.

所谓"忠诚"，指的是对组织的特定依附①，"网络民族主义"被视为一种忠诚类型的网络行动②。在社交媒体评论中，"忠诚"表现为对公共部门支持的发言。"退出"，即离开组织或拒绝购买某公司的产品③。在社交媒体评论中，"退出"意味着用户获取并认知了政治信息后，对政策现实感到不满并通过强烈的情绪表达直接挑战公共部门政策方案。在公权力看来，"退出"是高风险的破坏性政治参与。而介于二者之间的是"呼吁"，"呼吁"是"任何试图改变而不是逃避令人反感的事态所付出的努力"④。对于任何一个基于互联网的集体行动的组织者来说，"呼吁"成为其改变中国政治实践最为有效的手段⑤。社交媒体评论中的"呼吁"，旨在修改公共部门的政策方案，或动员大众舆论对公共部门施加压力。

（三）社交媒体评论的政治沟通模型

基于上述分析，研究者将社交媒体评论的政治沟通模型概括为图 1 所示。

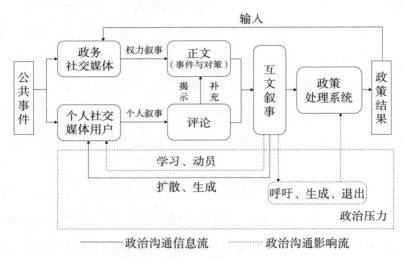

图 1　社交媒体的政治沟通模型

公共事件发生后，政务社交媒体以权力叙事将公共事件新闻的正文（通常包

① HIRSCHMAN A O. Exit, voice, loyalty: responses to decline in firms, organizations, and states [M]. Cambridge, MA: Harvard University Press, 1970: 77.
② 郑永年. 技术赋权：中国的互联网、国家与社会 [M]. 邱道隆，译. 北京：东方出版社，2014：143.
③ HIRSCHMAN A O. Exit, voice, loyalty: responses to decline in firms, organizations, and states [M]. Cambridge, MA: Harvard University Press, 1970: 4.
④ HIRSCHMAN A O. Exit, voice, loyalty: responses to decline in firms, organizations, and states [M]. Cambridge, MA: Harvard University Press, 1970: 30.
⑤ 郑永年. 技术赋权：中国的互联网、国家与社会 [M]. 邱道隆，译. 北京：东方出版社，2014：146.

括事件描述与应对措施等）发布于社交媒体平台。用户阅读后，结合自身知识和感受及其他渠道获得的公共事件信息，以个人叙事的方式发表对正文的评论，两者即构成了对公共事件的互文叙事。互文叙事不是静态的，而是一个持续生成的动态文本。随着评论等互动行为的增加，社交媒体的信息分发机制促使算法将正文及评论共同构成的互文叙事传播到更大的范围，促进了公共事件信息的传播（扩散）。评论向用户传播了正文中缺失、隐含或被遮蔽的信息，这些信息同正文一起形成了不断丰富的事实（生成）。用户在阅读评论中显现出来的缺失、隐含、遮蔽的信息，使其获得了新的政治态度（学习），进而参与了针对公共事件的网络集体行动（动员）。在此基础上，用户通过呼吁、生成、退出三种策略对政策处理系统形成压力。互文叙事的"动态增殖"使分散的"众意"凝聚为"公意"的雏形，成为输入政策处理系统的需求与支持。政策处理系统得出政策结果以后，又将其发布于政务社交媒体，社交媒体政治沟通的过程再次循环。这一过程存在两个流向：关于公共事件事实的传播是政治沟通的信息流，关于公共事件态度的获取与改变是政治沟通的影响流。

三、社交媒体评论作为政治沟通手段所面临的困境

政务社交媒体的评论区为普通网民参与政治提供了新工具。这一新兴的政治沟通方式在前所未有的复杂媒介环境中面临以下困境。

（一）竞争性真相 [①] 对政治沟通的削弱

事实是政治沟通的基础，而我们却处在一个不同真相相互竞争的时代。新闻报道越来越即时性、碎片化，人们很难从突发新闻报道中得知事实的全貌，记住的只是具备谈资的冲击性细节，由此产生了"片面真相"。特定立场的媒体对信息碎片的解释与黏合为利益集团和党派操弄舆论提供了方便之门。同样的事实，可以进行完全对立的解释，公共问题由事实变成了解释，由此产生了"人造的真相"；公众的选择性接触机制和达克效应产生了"主观真相"；"未知真相"则典型地存在于

---

① 麦克唐纳.后真相时代［M］.刘清山，译.北京：民主与建设出版社，2019.

分离主义者在社交媒体中畅想的美好又似海市蜃楼的政治蓝图当中。自媒体时代以来，信息的垄断权力从精英手中解放出来，搜索引擎带来的海量而又优劣混杂、矛盾对立的分析与解释让普通大众无法分辨孰是孰非，不同类型的真相激烈争夺读者的注意力。事实被悬置起来，传递给公众的各种加工过的真相削弱了政治沟通的基础。

不同真相均能获得受众的深层心理基础在于，无法扭转的结构性社会不公导致政治不信任。新兴国家法治不足，发达资本主义国家的阶级矛盾让结构性社会不公在短时间内很难消除。这些结构性不公往往又具有合法的外形。这一点在发达国家尤甚。堕落的主流媒体让公共问题的新闻报道和政策分析成为党派斗争和民意操纵的工具。传统媒体时代作为信源的主流媒体在民众中声望扫地。对于美国主流媒体，31% 的美国人不信任，47% 的美国人有时信任，仅有 21% 的美国人始终或经常信任。[①] 英国学者 David Sedgwick 在《假新闻工厂——来自英国广播公司的故事》中指出，BBC 输出大量试图误导观众的内容，其已演变成顽固的政治竞选团体，与《皇家宪章》中保持公正和政治中立的条款相抵触。于是，出现了这样吊诡的情景：一方面，现行政治制度是"民主"的，政治过程是"合法"的，主流媒体是"专业中立"的；另一方面，弱势群体权利的被剥夺又是真切的。这种扭曲逐渐滋生出怀疑一切的政治不信任。

（二）数字权力对政治沟通的干扰

2021 年 1 月 9 日，推特以"推文违反了推特的规定"为由，删除了中国驻美大使馆官方账号发表的题为《扑灭极端主义已经让新疆妇女得到更多的自主》的推文 [②]。2021 年 1 月 8 日，推特、脸书以煽动暴力和发表仇恨言论为理由永久封禁前总统特朗普的账号。以上事实说明，不管人们喜欢还是不喜欢，大型科技公司正在利用自身的技术优势崛起成为"第五权"。

大型科技公司对公共舆论权力的主要争议点在于：第一，科技公司言论审查的合法性问题；第二，社交媒体是新闻媒体还是单纯的媒介；第三，如何在鼓励创

① TALCOTT S. Almost one third of Americans don't trust the media：poll［EB/OL］.［2025-01-03］. https://nationalinterest.org/blog/buzz/almost-one-third-americans-dont-trust-media-poll-98697.
② 中国驻美使馆称"维族妇女不再是生育机器"遭推特删帖［EB/OL］.［2025-01-03］. https://www.bbc.com/zhongwen/simp/chinese-news-55616249.

新、言论自由和风险控制之间保持均衡。当互联网在 20 世纪 90 年代方兴未艾之时，为了保护言论自由和促进互联网产业的发展，美国于 1996 年出台了作为《电信法》第 230 条的《通信规范法》。该条款指出，任何互联网服务提供商或用户不应被视为其他内容提供者发布的任何信息的发布者。从第 230 条的立法初衷来看，互联网服务是如同电话、电报那样的媒介，而非涉及内容的媒体。其哲学基础是通过信息的自由竞争实现信息的自我净化。但随着 2004 年、2006 年脸书和推特的相继问世，互联网服务除了作为信息连接渠道，其内容承载体的角色逐渐凸显。社交媒体开始逐渐融入人们的生活，成为人们身份和生活的"数字孪生"。为了打击恐怖主义，欧洲和美国要求科技公司利用自身的技术优势，封杀极端组织的社交媒体账号，此为科技公司封杀账号之滥觞。但当信息并非紧迫的危害，只是全然和某种意识形态不同的时候，科技公司应如何处置呢？按照第 230 条的立法初衷，应让其在信息市场上自由竞争。因此，德国总理安格拉·默克尔才认为推特无限期封禁特朗普账号侵犯了"基本的言论自由权利"[①]。对于非紧迫危害信息的审查，裁决权应交由法院，大型科技公司的删帖封号等属于对权力的滥用。

此外，在利益驱动下，用户停留时间成为各信息分享平台衡量内容质量的主要标尺。那些即时的、被拆解的、赏心悦目的、有趣味的信息最受社交媒体用户欢迎。一方面，内容生产者为了实现流量变现不得不生产极端、片面化且具有煽动性的内容；另一方面，这些具有潜在吸睛能力的内容也得到了平台算法的加持。公众越来越容易阅读到缺乏批判性的内容，获得的更多是情感满足、娱乐和休闲，并在这些内容上停留的时间越来越长。一些国家还利用社交媒体的跨国属性，发布对他国重大公共问题的不同叙事，削弱或破坏该国民众对重大公共问题的共识，干扰了信息场的叙事秩序。

（三）沟通对象的前现代性对政治沟通的阻碍

所谓沟通对象的前现代性是指沟通对象缺乏事实批判能力、沟通理性和沟通能力。现代社会分工的日趋精细让所有工种越发成为专门的技能，公共治理亦如是。现代社会公共问题的复杂性使认知公共问题和参与公共生活已经完全不同于古代雅

---

① 默克尔：Twitter 封禁特朗普账号"有问题"［EB/OL］.［2025-01-03］. https://www.ftchinese.com/story/001090989?Archive.

典城邦的范式，并不是每个公民都具备处理公共问题所需要的专业知识和判断力。但"主权在民"意味着公民有责任和义务参与到公共治理当中。这便形成了能力不足与责任义务的矛盾。何况，公共问题的复杂性并不局限于对策的分析，有时还关涉看待世界的方式，这要求公民在处理公共问题时超越团体利益。这就对公民提出了更高的要求。但截至 2020 年，中国网民中大学本科及以上学历者仅占全部网民人数的 9.3%[①]，全国具备科学素养的人口比例仅为 10.56%[②]。普通网民在政治沟通中更容易表现出逻辑思辨能力欠佳、专业知识缺乏、以情感替代理性、民主法治和进步主义观念欠缺等。他们对公共问题的精确理解毫无兴趣，政策辩论往往沦为荒谬的争吵。

语言是思维的家，沟通能力和沟通观念集中表现在沟通的语言上。修辞反映思维、情感和动机，思维又反过来影响修辞，修辞的象征意义还会影响观念和行为。修辞的配置构建了人自身的身份认同，人们运用不同的修辞说话，反映了人的不同社会角色。

另外，社交媒体用户关于重大公共问题的沟通很容易受到情绪和意识形态的支配。传统媒体由于存在资本和技术门槛，通常被掌握在社会精英手中，形成了牵制国家权力、辩论公共问题的"资产阶级公共领域"。技术进步带来了媒介普及，社交媒体一方面赋予了民众更多说话的渠道，另一方面使劣质信息更加方便地进入公共空间。社交媒体评论由于其匿名性，本身易成为情绪发泄的场所，加之大多数用户缺乏科学素养和批判思维，公共问题的讨论常常在各种人身攻击当中失焦。在 YouTube 这样的跨国性平台中，文化背景、政治倾向的异质性更加剧了政治沟通中的分歧。涉及公共问题视频的评论区常常成为不同国家和地区秉持不同意识形态用户对骂的场所。

（四）公共部门沟通能力欠缺对政治沟通的影响

话语民主将沟通视为合法性和正义性的来源，"只有让私人参与到公共领域所控制的正式交往过程中去，批判的公共性才能在一个具有社会学意义的秩序当中，

---

① 中国互联网络信息中心 . 第 47 次中国互联网络发展状况统计报告［R/OL］.（2021-02-03）［2024-11-03］. https://www.cac.gov.cn/2021/02/03/c_1613923423079314.htm.

② 邱晨辉 . 中国公民科学素质抽样调查结果发布 公民具备科学素质比例达 10.56%［N］. 中国青年报，2021-01-27（7）.

把两个交往领域联系起来"①。在现代性的民主社会中，对话已成为公共治理（无论是工具理性，还是价值理性）的必要环节。但是，公共部门由于沟通观念和技术的滞后，架空了生活世界理性对话的条件。其具体表现在以下几个方面。

一是管制型的政治沟通观念。在一些国家中，新闻媒体本身就是公共部门正式结构的组成部分。公共部门更多扮演的是监督新闻质量和控制信息传播的角色。公共政策信息的传播一般是自上而下的。但是在社交媒体时代，信源和信道由一元化变为多元化，公共部门的信息职能更多地应体现在服务上。

二是轻社交、重发布。一些公共部门对于社交媒体的理解仍然比较落后，将其理解为传统"布告栏"的电子化，忽视了社交媒体评论区的扩散、生成、学习、动员等功能。许多政务微博的运营者仅将其作为张贴政府通稿和媒体报道的场所，帖文质量不高、阅读量低、影响力小。

三是回应不及时。公共部门的回应性是民主行政观的重要体现。民主行政重视公民参与公共政策的制定，要求政府能及时回应公民的诉求并积极促成和整合公民的意见，对共享决策权力亦持开放态度。

四是修辞不当。一些政务社交媒体在回应用户评论时自说自话、答非所问，使用官话、套话敷衍。有的政务社交媒体在和用户进行公共问题的沟通时，颐指气使、高高在上，动辄指称相关人员"别有用心""一面之词"，发表诛心之论，进行道德审判。

四、对策：构建多元化沟通治理架构

"二战"以来，掌握着不同社会资源的社会组织不断发育，形成了组织社会。组织社会的形成使公共部门同社会组织形成一种自发的执行结构，共同协作应对公共问题。治理理论这样描述这一模式：治理是一种由共同目标支持的活动，其主体未必是政府，也无须依靠国家的强制力量来实现，"既包括政府机制，也包括非正式的、非政府的机制"②。公共部门和用户在企业搭建的平台上进行日常化的

---

① 哈贝马斯.公共领域的结构转型［M］.曹卫东，王晓珏，刘北城，等译.北京：学林出版社，1999：294.
② 罗西瑙.没有政府的治理［M］.张胜军，刘小林，等译.南昌：江西人民出版社，2001：5.

政治沟通，基于社交媒体的这一边界模糊的新领域，针对前述问题笔者提出如下对策。

（一）打造可信任的政府，积累沟通信任

信任是社会资本的关键性内容，是民主社会运行的基石。信任是个体根据交往对象以前行为的诚信和专业程度做出的综合性心理反应。霍布斯认为，信任这一人造结构对于弥合暴力与理性在建立社会秩序时留下的裂缝是必要的[①]。维系现代社会的是一系列保障公民权利的法律系统、政治系统和规则系统。这些系统能够获得信任，就产生了系统信任。政治沟通系统的信任减少了信息沟通和监督的成本，简化了公共问题展开的复杂程度，通过在政治沟通的诸多不确定性中构建确定性建立沟通秩序、提高社会效率。在公共事件中，因为有了沟通系统的信任，公众就会采取宽容和建设性的态度来理解各种不确定信息。反之，如果缺乏信任，即便是反映事实的信息，也会被各种质疑声淹没，形成"两个舆论场"。

由于政治沟通的双方是政府和公民，所以政治沟通系统的信任在很大程度上就是公民对政府的信任。公民对政府的信任是"对于政府公信力的确认，体现着政府的合法性，进而现实地影响着政府的制度和政策效能"[②]。这种信任包含两个层面：第一，相信政府的专业知识、技术和能力；第二，相信政府处理问题的动机是基于公共利益。信任不可能速成，而是长期交往的结果。因此，要积累信任，公共部门就要通过有效性来生成合法性，在平日的社会治理中贯彻依法治理、有效治理、责任治理的原则，切实保障和落实公民合法权利，积累公共部门专业、良善的形象。公共部门要进一步强化和巩固法治，杜绝腐败，提升治理水平，保障人民福祉，让系统信任制度化、法律化，简化信任的构建过程，扩大信任的影响范围，这样才能在竞争性真相的话语背景下展开有效的政治沟通。

（二）完善数字权力的运行规则

权力的本质是施加有效的影响，平台公司掌握了技术、数据和算法，也就理所当然地掌握了其背后的权力。媒介权力正从传统媒体向大型平台公司转移，数字权

---

① 郑也夫.信任论［M］.北京：中国广播电视出版社，2001：105.
② 王浦劬，孙响.公众的政府满意向政府信任的转化分析［J］.政治学研究，2020（3）：13-25，125.

力成为构成政治权力的新要素。因此，公共部门需要为社交媒体这一全新的政治权力空间完善权力运行的规则。

首先，要对平台公司的限制性行为做出规定。平台公司参与公共治理固然能够提高治理效率，但是其权力的合法性问题难以回避。社交媒体成为人们话语交往的电子广场，获得了某种公共属性，但其产权仍归私营资本所有。平台公司运用公司条例管理社交媒体，本质上是用私人权力管理公共空间和公共领域，这就产生了权力使用的错位。要化解这一错位，立法机构需要对这部分权力进行授权，使平台公司在对社交媒体用户进行删帖、限流、封号等限制性管理行为时，执行的是代表公共意志的法律，而非私营公司的管理章程。另外，对于科技公司通过企业并购形成媒体垄断，或利用技术、数据优势限制传播自由、操纵控制舆论的行为，立法机构也要明确惩戒措施。

其次，筑好数据隐私和数据安全的制度防火墙。数字技术全面侵入人类生活，在这一数字化生存的图景中，个体的交往、行为、偏好、人类学特征等一切日常生活片段都被数字终端捕捉成为各种数据，汇总于服务器中成为数据库并被不断地搜索运算——社会生活被彻底数字化了。用户是社交媒体的传播节点，保护用户的数据安全和隐私也就是保护政治沟通的秩序。用户大数据由于蕴含巨大的商业利益，经常被平台公司非法占有和利用。因此，数据安全和隐私保护引发各国普遍关注。2018 年 5 月，欧盟出台《通用数据保护条例》。中国也于 2021 年实施《中华人民共和国数据安全法》。

最后，由于数字经济方兴未艾，配套的法律法规体系还在逐步建设当中，要及时跟进研究数据使用和数据安全的最新情况，完善相关法律配套。在执法层面，对平台企业打着"创新"幌子的违规违法行为要严令禁止，严厉打击用户信息的买卖和非法使用。目前，平台公司利用用户和商家数据进行大数据杀熟、渠道费用"定制化"上涨等行为，已经严重阻碍了正常的商业沟通。2016 年咨询公司"剑桥分析"向不当获取的 8700 万社交媒体账户投放右翼政治信息，诱导美国选民放弃支持民主党候选人克林顿·希拉里，转而支持唐纳德·特朗普。如果用户数据的不合理和非法使用不能得到有效遏制，那么平台公司在用户和商家之间制造沟通壁垒的行为，将在可预见的未来蔓延到政治沟通领域。必须通过"看得见的手"、以良法善治维护数字权力的运行和公正的政治沟通秩序。

（三）提升政务社交媒体的沟通能力

在传统媒体时代，公共部门的信息通过官方媒体发布，媒体是党和政府的喉舌。在社交媒体时代，媒介技术的普及、信息生态的变革、阅读习惯的改变，让公共部门越来越多地直接向公众传播信息，公共部门进入了一个"自我喉舌"的时代。因此，作为公共部门"自我喉舌"的政务社交媒体，必须提升政治沟通能力，以适应全新的政治沟通环境。

首先，变控制沟通典范为民主沟通典范。在信息管制的社会治理范式中，公共部门作为中心化的信源，对信息和官僚结构化的媒体扮演的是控制和监督的角色，追求的是信息控制的有效性。而民主行政理论认为，民主国家的政府需要"帮助公民表达和实现他们的共同利益，而非试图在新的方向上控制社会"①，从而实现民主价值和社会正义。在社交媒体时代，人人都是终端，处处都有镜头，信息控制在海量数据和先进技术面前已成镜花水月。民主沟通典范提倡更有力的回应和多渠道的沟通。这要求政府对公共问题的公开讨论持开放态度，宽容不同意见，明晰舆情热点，积极回应诉求，鼓励多元观点的交锋而非众口一辞的服从。因此，政务社交媒体要积极促进评论区的公共问题讨论，为公民了解信息提供便利，在不同立场的团体中促成共识。

其次，要充分发挥社交媒体的社交属性。社交媒体平台的社交属性主要表现在两个方面：关系和互动。关系意味着用户之间建立了或强或弱的关系连接，众多用户之间的关系联结构成了复杂的社交关系网络。在社交媒体平台，关系的建立和断裂具有很强的随意性，取关、拉黑、屏蔽、删好友等都是关系断裂的表征。社交媒体建立的关系网络可以成为信息传播的通道，关系建立与否成为决定信息传播畅通与否的重要因素。互动突出了社交媒体用户的主动性和积极性。在社交媒体平台，用户不再如传统大众传媒受众那般孤立、匿名、被动，转发、点赞、评论、弹幕等都成为用户之间互动的方式。用户间交往互动的时间越长、频率越高，彼此越容易形成共同的经验和感受，建立亲密和信任的关系。

政务社交媒体不能简单地成为公共部门的电子公告栏，要注重社交媒体的人格

---

① 登哈特，登哈特.新公共服务：服务，而不是掌舵［M］.丁煌，译.方兴，丁煌，校.北京：中国人民大学出版社，2004：134.

化经营，通过互动交往行为同网民建立亲密关系，积累自身的政治信任和话语影响力。例如，以个人叙事风格发布部门日常工作的视频，积极跟进舆情热点，与用户分享观点，对评论区的精彩评论及时回应、点赞，积极评论平台热门视频，在用户中增加"存在感"等。

最后，要建立科学的社交媒体评论沟通机制。目前，政务社交媒体在针对用户评论展开沟通时有很强的随意性，原则、标准、机制等尚未建立，提升政务社交媒体的沟通能力要从以下几个方面着手：一是使用体现民主伦理的沟通修辞。人民是民主国家的主人、主权的所有者，公共官员是主权者的服务者。政务社交媒体在与用户进行沟通时，行文遣字要理性谦卑、宽容平等、以理服人、以情感人。用词可适当卖"萌"，缩小沟通距离。视频配乐以亲近祥和为主，谨慎采用进行曲类型的庄重宏大配乐，以免制造对立感。二是明确删除评论的标准。删除评论是对他人言论自由的剥夺，这种"恶"只有在阻止恶的情况下才能被允许。因此政务社交媒体要明确并公示在哪些情况下将删除评论，删除评论时要告知用户理由。这既是对公民权利的尊重，也是塑造公共部门理性形象的举措。三是分析舆情走向，回应重要评论。民主沟通典范要求公共部门从信息的管制者变成信息的服务者，进而协调分歧、达成共识。政务社交媒体要具备舆情分析的能力，从后台数据中关注评论热点、捕捉舆情热点、分析舆情走向，通过与用户评论互动，提供信息、回应疑问、澄清谣言、阐明立场。四是在跨国评论沟通中做到有理、有利、有节。社交媒体时代，公共部门肩负着向外国民众介绍本国方针政策，塑造本国亲善形象的任务。面对意识形态和政治认同迥异的全球用户，公共部门在利用社交媒体评论进行沟通时，要坚持以正面说理为主的沟通原则，以免措辞被歪曲放大或成为假新闻素材。沟通过程中既要开放自信，也要谦逊谦和，塑造可信、可爱、可敬的国家形象。五是建立纠错与问责机制。对于政务社交媒体工作人员在评论互动方面的不当行为，要能够及时发现并改正。对于涉及本部门业务的信息，要建立部门领导信息审核机制，对于相关传播责任要及时追责。

（四）提升公民的交往理性与交往资质

在大众政治的时代，公民参与成为国家治理和民主政治的必然环节。人们通过日常语言在生活世界交往，开展达成共识的行动。在哈贝马斯看来，民主就是一种以言行事的方式解决分歧和冲突的公共制度。话语伦理的主体间性强调对话各方的平等和互动，交往双方的交往理性与交往资质决定了政治沟通的质量和效率。

从交往理性的角度来看，要促进公民的政治沟通理性，一是要巩固基础教育成果，继续提升国民基本科学水平。科学是一种以理性看待世界的方式，越多人具备基本科学素养，崇尚理性的风俗也就越盛行，对于互联网政治信息也就有了更强的甄别与利用能力，也就越能够促进人民对话的美德和智慧。二是要进一步弱化传统群体对社会成员的影响。没有高度理性的个体与社会的关系，就不可能有关于这种关系的理性表达。但是，"伦理本位"和"差序格局"揭示出中国人公私观念的前现代性，即私领域可以是"情如一体"的无私，公领域却只追求本群体的"相安相保"。公共治理将公共利益作为目标，需要公民超越小团体的利益。但传统的公私观念仍然形塑着当代中国人的行动逻辑，阻碍了政治沟通中的理性表达。要解构这一文化障碍，就要进一步弱化传统群体对社会成员的辐射影响。现代社会的复杂性导致了利益的多元性，经济的多元化导致社会的个体化，传统社会结构不断在个体化的进程中崩解。只有不再依附家族、单位，个体的身份才能在他从事的社会实践中得到形塑。个体脱离了原来的小团体，逐渐形成反思、批判的能力，建立一种理性的个体与社会的关系。法律、制度、政策又将原子化的社会成员连接为一个"公共的"整体，社会成员通过制度体系获得公共资源的权威性分配。这样，公民才能基于对公共利益的广泛认可参与对公共事务的讨论。

交往资质，即"以相互理解为取向的言说者把完美构成的句子运用于现实之中，并使两者吻合的能力"[1]。在政治沟通中，沟通双方若要达成一致，话语须具备可理解、真实、价值正确和真诚这四个基本要素。沟通修辞要能客观描述事实，尊重多元价值立场，准确表达自我的情感和意见。社交媒体评论中的围攻和谩骂，正是以上方面缺失的表现。因此，还应对公民开展公共对话的相关培训，使之熟练掌握公共对话的技能。此外，要建立惩戒机制。秩序并不是自由的产物，而是管理的结果。

（五）发挥市场力量的协同作用

有学者认为，当前中国的社会治理"正在从政府主导、政府负责向有限政府、

---

① 哈贝马斯.交往和社会进化［M］.张博树，译.重庆：重庆出版社，1989：29.

共同参与转变","政府有意重新界定'有事找政府''政府负责'的内涵,明确政府与民众在建设社会共同体时的双向权力(利)与责任"[①]。对于社交媒体时代的政治沟通来说,公共部门与平台公司形成一种相互依赖的结构性联系。一方面,公共部门借助社交平台更高效地与民众进行沟通。另一方面,社交平台借助公共部门的权力辐射提升自身的影响力。作为市场主体的平台公司和公共部门共同分享治理资源,平台公司及市场本身亦能够发挥协同作用,提升政治沟通效能。而提升基于社交媒体的政治沟通的效能,必须发挥市场力量的协同作用。

一方面,对涉及公共问题的相关话题进行流量补贴和后台数据共享。公共问题关乎公共利益,阅读习惯的改变使人们更多地通过社交媒体了解公共问题的来龙去脉。公共问题越是被广泛地讨论,政策目标和政策问题就会越发鲜明。而社交媒体平台的营利性、用户理性的缺乏、公共问题的公共性三者存在内在紧张关系。利用社交媒体评论所开展的政治沟通中,用户接触到的信息内容成为沟通的根基。平台公司根据用户画像所开展的内容分发使得内容相似、倾向相同的信息大量出现在个体用户的社交软件上,不断强化用户的价值偏向和既有判断,可能带来舆论场的撕裂和官民信任的破产。如果平台公司给予公共话题一定的流量补贴,就能够使它们被更广泛地看见和讨论。这样,公民的需求和支持就会更快地输入政治系统。同时,通过算法让公共问题始终存在于用户的阅读视野,还能够在一定程度上消解"信息茧房"效应,有助于形塑社交媒体用户的公共人格。因此,当某些话题涉及公共利益,或已经具备较强公共属性时,平台公司应实施"数据清零"原则。所谓"数据清零"原则,即在排除用户数据基础上的用户画像对内容分发的影响,面对所有用户实施无差别的内容推送方案,让涉及公共利益和公共话题的内容均衡地出现在所有用户的社交软件上。

数据是大数据时代的"石油",平台公司通过开放社交媒体公共话题的后台数据,参与基础信息数据库的建设,让公共部门突破信息隔离,节约治理成本。公共部门从后台数据中挖掘、整理、分析舆情趋势与热点,对政策进行事前、事中和事后控制,从而防范公共危机风险。公共部门可以以购买服务的方式定期从平台公司获得数据分析报告,为舆情监控与预测、政策分析与调整提供数据基础和决策支撑。

---

① 郁建兴,任杰.社会治理共同体及其实现机制[J].政治学研究,2020(1):45-56.

　　另一方面，平台公司要恪守中立立场。社交媒体成为人们了解公共话题的重要渠道，社交媒体的交互性设计和广告投放还进一步影响了人们的预期和选择。谁控制了社交媒体，谁就成为议程设置的把关人。2019 年 4 月，脸书、推特和谷歌公司在美国参议院接受听证，以回应它们助长左翼偏见、过度审查右派言论的指控 [1]。议程设置理论认为，媒介虽然不能影响人们怎么想，但是可以影响人们想什么。公共问题的公共性要求媒介必须站在中立的立场呈现多元信息。其一，要求科技公司恪守中立伦理，其控制者也就是科技公司领导人、算法工程师和社交媒体社区管理员，控制者不能根据个人政治和利益偏好限制社交媒体上的信息传播。控制性交互 [2]（controlled interactivity）功能在社交媒体设计中应该理所当然地被拒绝。其二，通过鼓励平台公司之间的充分竞争，用"看不见的手"防止某一社交媒体平台的垄断，以市场力量铲除"专制把关人"的生成土壤，让所有声音都有被发表的渠道，维护媒介环境的动态均衡。

（作者高存玲系青岛大学文学与新闻传播学院副教授；

杨清壹系四川大学公共管理学院硕士）

---

[1]　崔天也. 社交媒体亲"左"？脸书、推特、谷歌将赴参院听证，应对指控［EB/OL］.（2019-04-06）［2024-11-13］. https://world.huanqiu.com/article/9CaKrnKjzAv.

[2]　FREELON D. Campaigns in control：analyzing controlled interactivity and message discipline on Facebook［J］. Journal of information technology & politics，2017，14（2）：168-181.

专题编译

人工智能与政治传播 /

于淑婧　盛邵萱子　王思涵　赵隶阳　王哲雨　赖梅华　孙诗雨　编译

　　编者按： 在正在开启的人工智能时代，AI 以不可阻挡的发展之势渗透到政治传播的各个领域，重塑着传统的沟通方式和民主实践，丰富了有关未来人类政治沟通的诸多想象。本专题精心编译了 6 篇有关"人工智能与政治传播"这一主题的前沿研究，旨在为读者呈现这一交叉领域内的重要研究议题和最新研究动向。首篇《人工智能（AI）的学术定义：推动 AI 作为传播研究的概念框架》为我们奠定了理论基础，对传播研究中的 AI 进行了重新界定，并为探讨 AI 的传播应用和影响提供了一个颇有意义的理论分析框架。《人工智能与传播学：一个人机传播研究议程》提出了人机传播的研究路径，强调了 AI 技术在传播过程中的传播者地位及其带来的挑战与机遇。《人工智能与民主：一个概念框架》一文则将焦点转向了民主这一重要议题，通过构建 AI 与民主相互交织的概念框架，深入分析了 AI 如何影响民主制度的运作，以及如何在保障民主价值的同时，充分发挥 AI 的潜力。后三篇论文《利用人工智能促进民主交流：聊天干预可以大规模改善在线政治对话》《作为一种交流方式，ChatGPT 靠谱吗？——对话式人工智能的可信度和采用率研究》《生成式人工智能时代的政治微定位的说服效果》分别讨论了人工智能与政治对话、人工智能作为信息来源的可信度及人工智能的政治微定位问题，从更为微观和实证的角度呈现了学者对人工智能与民主问题的关切。本专题的论文不仅涵盖了理论探讨、概念框架构建，还涉及了具体的实践应用和实证研究，展现了人工智能与政治传播领域研究的广度和深度。但正如多篇论文作者在文末呼吁的，这一领域还有很多议题有待探讨。我们希望通过这组论文的编译，帮助大家更好地理解人工智能在政治传播中的作用和挑战，激发更多学术界和实践者关注和思考这一重要议题，共同推动人工智能与政治传播研究的进一步发展。

人工智能与政治传播 *

人工智能（AI）的学术定义：推动 AI 作为传播研究的概念框架 **

霍梅罗·吉尔·德苏尼加（Homero Gil de Zúñiga）等

◇于淑婧　盛邵萱子　编译

当今社会有人工技术支持的数字基础设施已经饱和，人工技术已成为驾驭社会世界的关键。人工智能的快速发展严重扰乱了世界，在信息和服务的创造、传播和保护过程中发展了技术驱动的系统。对人工智能的渗透、使用和依赖对不同的学科有各种影响，包括传播学。对人工智能及其发展带来的影响，新闻传播研究领域近期出现了许多研究成果，因而有必要整合不同的人工智能研究孤岛。然而，很少有理论研究提供人工智能的定义、实证应用和概念框架。本文提出了一个综合的人工智能学术定义，通过建立包括表现水平和自主水平这两个关键维度的理论框架，旨在澄清关于人工智能的性质、使用和效果及其社会、政治、文化和伦理影响。

作者基于现有的社会科学理论，特别是传播研究中 AI 的学术定义，对 AI 概念进行了重新界定，认为它是指能够在现实世界中执行任务、解决问题、进行沟通、

* 本专题系国家社科基金青年项目"政治传播视域下国家数智沟通能力提升研究"（24CZZ020）、中国传媒大学中央高校基本科研业务费专项资金项目（CUC230B042）、中国传媒大学人工智能行动计划之"人工智能与政治传播"项目的阶段性研究成果。

** 原文信息：GIL DE ZÚÑIGA H，et al. A scholarly definition of artificial intelligence（AI）：advancing AI as a conceptual framework in communication research［J］. Political communication，2024，41（2）：317-334.

互动及逻辑推理的非人类机器或人工实体的实际能力。文章构建了包含两个维度的理论框架，即表现水平和自主水平，为 AI 的多功能性提供了全面的解释，并为未来研究 AI 的社会影响拓展了方向。

所谓表现水平，是指 AI 可能完成的行动，包括执行任务、做出决策和进行预测。如图 1 所示，AI 的表现水平根据不同层次的交互和相互反馈有所不同，包括单独实现不同表现的水平（单一水平）、在双重交互模式（第二级）及在三重交互模式（第三级）中的水平等。这些功能在新闻业和传播领域中已经展现出显著的影响力。比如，自动化新闻生成工具能够在没有记者直接参与的情况下生成新闻报道。这些工具不仅改变了新闻生产的方式，还对新闻分发和消费模式产生了深远影响。

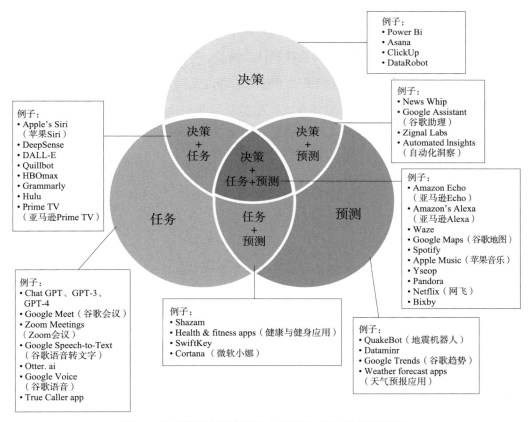

图 1　展示基于表现水平的人工智能工具示例的维恩图

所谓自主水平，是指 AI 需要或不需要人类监督或互动的程度。任何给定 AI 的数据处理能力越大，自动化程度和中介化的程度就越高，自主权也就越高。这种自主性带来了伦理和社会方面的问题，包括如何保障隐私和数据安全，以及如何避免

AI 系统削弱人类在决策过程中的作用。作者强调，支持人工智能交互的概念化，应该注重处理的是人类对人工智能的控制，而不是相反的情况。

本文还分析了 AI 技术在社会互动和新闻传播领域的应用与影响，展示了其复杂性和多样性。AI 不仅改变了新闻业，还渗透到日常社交媒体、客户服务、心理健康管理等多个领域。例如，AI 可以通过情感分析和语音识别技术帮助用户管理心理健康，或通过推荐算法为用户提供个性化内容。这些应用不仅提高了技术效率，还引发了关于 AI 在人机互动中的角色和影响的广泛讨论。

作者在文章中提出的理论框架，将表现水平和自主水平结合在一起，为理解 AI 在新闻业和传播学中的应用提供了一个全面的视角。通过这一框架，研究人员可以更好地分析 AI 在不同传播场景中的表现，以及它如何影响信息传播和社会互动。作者还呼吁未来的研究进一步探讨 AI 的表现水平和自主水平在不同应用场景中的相互作用，以及如何应对其带来的伦理和社会挑战。

本文为 AI 在传播学中的应用提供了系统的理论支持，揭示了 AI 技术如何通过自动化、个性化推荐和自主决策等方式，重塑新闻业和社会互动。通过深入研究这些问题，学者可以更全面地理解 AI 的多功能性，并为其在社会科学领域的广泛应用奠定坚实的基础。

（通讯作者霍梅罗·吉尔·德苏尼加系萨拉曼卡大学教授；
编译者于淑婧系中国传媒大学政治传播研究所、政府与公共事务学院讲师，
盛邵萱子系中国传媒大学政府与公共事务学院政治学与行政学专业本科生）

人工智能与传播学：一个人机传播研究议程*

安德里亚·古兹马（Andrea L. Guzman）

赛斯·刘易斯（Seth C. Lewis）

◇王思涵　编译

文章开篇指出了人工智能技术的发展如何改变了传统的传播学理论。随着人工智能技术的发展，其在传播过程中的角色日益重要，但现有的传播学理论并不能完全解释人工智能与人类的互动。长期以来，传播学主要关注人与人之间的交流，早期的传播模式有目的地赋予人类传播者的角色，而将技术降级为媒介的角色。而人工智能技术的出现打破了这一局限，模糊了人和机器之间的本体论鸿沟，人工智能和人们与之的互动并不完全符合已有的传播理论范式。随着人工智能技术，如语音助手、社交机器人、自动新闻写作程序等在日常生活中的广泛应用，这些技术已经从传播的中介者转变成了传播者本身。因此，传播学者需要发展新的理论框架来理解和解释这种新兴的人机传播现象。

为应对这一挑战，作者提出了人机传播框架，即"人类与机器之间的意义创造"，以及人与代理和机器人等的技术互动，用以更好地理解和研究人工智能在传播中的应用。这一概念突破了传统上将技术仅仅看作传播工具的观点，认为技术可以被设计为传播的主体，与人类进行有意义的交流。基于"机器作为传播者"这一概念出发点，即基于人机传播中技术作为传播者的中心本体论假设，本文提出了一项人机传播研究议程，旨在探讨传播式人工智能技术的三个方面。

第一，功能层面：考察人工智能技术是如何被设计为传播者的，以及人们如何

*　原文信息：GUZMAN A L，LEWIS S C. Artificial intelligence and communication：a human-machine communication research agenda［J］. New media & society，2020，22（1）：70-86.

理解人工智能技术的角色。

第二，关系动态：探讨人们与人工智能技术建立的关系，以及这些关系如何影响人们与自己及他人的互动。

第三，形而上学影响：研究人工智能技术对人类身份和人类本体论边界模糊所带来的影响。

论文还探讨了几个关键议题，包括人工智能技术的伦理和法律挑战、传播伦理规范的变革及技术与人类传播本质的变化。例如，人工智能代理模仿人类声音完成任务的情况引发了关于传播者身份披露的讨论。此外，随着人工智能在新闻业的应用，出现了"谁来做新闻，做什么新闻？"的问题，这不仅关乎新闻业，还涉及所有传播领域。

本文为理解人工智能的传播者身份提供了一个理论框架。人工智能技术从中介者到传播者的转变，既带来了理论上的挑战，也提供了现实的机遇。人机传播研究有助于学者重新思考技术的角色，并为理解人工智能在传播中的作用提供新的视角。文章最后提出，随着技术的不断发展，研究议程也将随之演变和完善，传播学者需要关注人工智能技术的社会影响，特别是新闻业的数字化转型，以及人们与智能设备的互动。未来的研究需要更加系统地探讨人工智能技术所扮演的与人类相关的传播角色，以及人机传播对社会和公共生活的影响。此外，作者还强调了实证研究在理解人类如何解释和与技术互动中的重要性方面，对于推动传播学理论的发展具有重要启发。

（作者安德里亚·古兹马系美国北伊利诺伊大学传播学部传播学副教授，

赛斯·刘易斯系美国俄勒冈大学新闻与传播学院教授；

编译者王思涵系中国传媒大学政府与公共事务学院政治学专业硕士研究生）

人工智能与民主：一个概念框架 *

安德烈亚斯·荣赫尔（Andreas Jungherr）

◇赵隶阳 编译

人工智能的成功和广泛部署提高了人们对该技术的经济、社会和政治后果的认识。AI 发展和应用的每一个新步骤都伴随着对具有（超）人类能力的人工通用智能（AGI）即将到来的猜测，但这在很大程度上是虚构的，正如 ChatGPT 之后关于大型语言模型（LLMs）的能力和影响的展开讨论所看到的那样。这些深远的期望导致了关于 AI 的社会和政治影响的讨论，而这些讨论在很大程度上被恐惧和热情主导。相比之下，本文提供了一个概念框架，更富有成效地分析 AI 与民主之间重要接触领域的图标，并将 AI 的使用和影响与政治理论中的相关规范性辩论联系起来，这些辩论可以为评估 AI 的使用和影响提供指导。

一方面，AI 对民主影响的分析质量取决于 AI 类型的特殊性，因此有必要明确 AI 的工作原理和内在逻辑。这意味着要区分目前在很大程度上是虚构的 AGI 和专注于解决特定任务的狭隘人工智能，关注狭义人工智能的具体事例，AI 成功部署的条件，AI 在特定领域内的应用及其影响。另一方面，这种区别允许对 AI 如何影响民主的不同方面进行批判性讨论，包括自治条件、人们行使自治权的机会、平等问题、选举制度及民主和专制政府制度之间的竞争等。

文章表明，今天的 AI 对民主的影响比对 AGI 能力的广泛猜测所暗示的更为具体。文章在不同的分析层面提出了四个影响领域：一是在个人层面，AI 既影响了人们实现自治的能力，也影响了人们在复杂社会系统中对分布式决策优于专家规则的

* 原文信息：JUNGHERR A. Artificial intelligence and democracy：a conceptual framework［J］. Social media and society，2023，9（3）：1-14.

感知，从数字通信环境、新闻生产、观点表达、干预信息、专家规则、科技力量等方面突出了其对自治的潜在限制。二是在群体层面，基于人工智能系统的选项分配和政府服务、人们在 AI 系统中的可见性和代表性，以及为工作任务可以被人工智能取代的人提供或取消经济福祉等方面，可能会出现不平等。三是在制度层面，AI 对选举的影响似乎有限，因为预测的活动——投票——相对稀缺，虽然通过竞争差异化的潜在机会可能产生间接影响，但考虑到 AI 的广泛可用性，这能否转化为一致的、系统的权力转移是值得怀疑的。四是在系统层面，AI 在民主国家和专制国家的发展和部署，可能会呈现出不同的轨迹。如果专制国家与 AI 有更强的亲和力，并且可以从中获得比民主国家更多的利益，那么 AI 可能会导致系统之间的权力转移，从而削弱民主。

考虑到 AI 的局限性和社会结构的作用，纯粹的技术解释有可能高估人工智能对社会系统的影响。纯粹来自社会科学的解释则有可能歪曲现有 AI 的实际运作，从而错误地归因于其后果。这里提出的概念框架提供了一种有效结合这些跨学科观点的方法，允许在技术科学和社会科学的跨学科努力中更好地监测 AI 对民主的影响。

（作者安德烈亚斯·荣赫尔系班贝格大学政治科学研究所教授；

编译者赵隶阳系中国传媒大学政府与公共事务学院国家治理与政治传播方向博士生）

利用人工智能促进民主交流：
聊天干预可以大规模改善在线政治对话[*]

丽莎·阿盖尔（Lisa P. Argyle）等

◇王哲雨　编译

政治对话是民主的灵魂，它可以帮助不同群体的人们和平地解决共同问题，避免暴力冲突，并增进相互理解。然而，随着在线对话的普及，许多问题被放大，导致社会凝聚力下降，合作解决社会问题的能力受损。尽管学者和民间社会团体努力推广减少分歧和提高对话效率的干预措施，但这些努力难以扩展到在线环境。

民主协商建立在"民主互惠"的对话基础上，即愿意给予政治对手在公共领域表达和捍卫其观点的权利，正如我们希望他们给予我们的一样。这并不意味着对话要以达成共识结束，或认可有问题的观点，而是建议以一种真诚的态度倾听和参与政治观点不同的对话。倾听是民主政治的核心元素，但研究不足。理解和承认他人的观点，以及感觉自己被理解和承认，与冲突解决和审议民主的许多方法有深刻的联系。在本研究中，我们在政策反对者之间的政治对话中使用大语言模型来增强人们的感觉，即他们的对话伙伴正在倾听和理解他们的意见。

---

* 　原文信息：ARGYLE L P, et al. Leveraging AI for democratic discourse：chat interventions can improve online political conversations at scale［J］. Proceedings of the national academy of sciences of the United States of America，2023，120（41）：1-8.

一、实验设计与研究假设

我们进行了一项关于美国枪支管制的大型在线聊天实验。参与者首先填写了一个简短的预调查问卷，其中包括他们对美国枪支法律的看法。我们将支持者和反对者配对，并在定制的在线聊天平台随机分配一个由 GPT-3 驱动的预训练聊天助手给一些参与者。助手在对话过程中实时提供如何改述特定文本的建议，这些建议基于三种策略：重述（简单地重复对方的观点，以表明理解）、验证（肯定对方持有不同意见的合法性，而不要求明确的同意）、礼貌（使用更礼貌的语言修改陈述）。

参与者被随机分配到干预组或对照组。在干预组中，一名参与者会收到聊天助手提供的改述文本的建议。参与者可以选择接受、修改或忽略聊天助手的建议，并将最终的消息发送给对方。在对话结束后，参与者完成了一项调查，评估对话质量、民主互惠程度及他们对枪支管制的看法。

我们的假设是：

1. 与对照组相比，使用聊天助手的参与者在对话中会感受到自己被理解程度更高了，并更愿意给予政治对手空间来表达和捍卫他们的观点，即使他们仍然不同意对方的观点。

2. 不会对政策态度产生影响。

二、研究结果

实验于 2022 年 10 月进行，共有 1574 名参与者。平均每次对话交换了 12 条消息，AI 共提出了 2742 次改述建议，其中 67% 的建议被接受。重述、验证和礼貌干预建议分别占到 30%、30% 和 40%。

通过文本分析和语义内容分析，我们发现 AI 改述的消息在语气上比原始消息更礼貌，更具有确认性，但在话题上没有显著差异，表明改述并未改变讨论的核心内容。

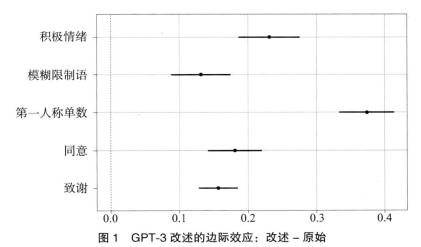

图1 GPT-3 改述的边际效应：改述 – 原始

注：改述消息语气文本分析：五个礼貌包功能的改述消息得分与参与者在不选择改述的情况下发送的原始消息的基线分数之间存在边际差异（置信区间为95%）。

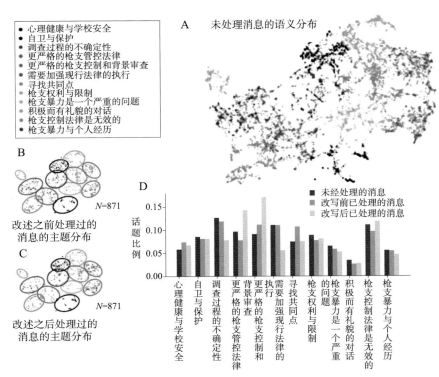

面板A展示了平台上发送消息的主题分布的可视化。每个点是消息的语义嵌入，彼此接近的点代表语义上相似的消息。使用K-Means对消息进行聚类，并通过GPT-4自动标记聚类；技术细节见补充材料附录。如图示，对话涵盖了关于枪支控制的广泛子主题，包括背景审查、学校安全、学校中的枪支角色、心理健康及围绕枪支所有权的执行问题。其他主题聚类显示了一般对话动态，如介绍性或结束性材料。面板B和面板C以图形方式展示了被选为处理的消息的分布及相应的重述消息的分布。这两组消息的分布相似，彼此之间与面板A中显示的未经处理的消息的分布也相似。面板D定量显示了主题比例，统计分析显示这些分布没有显著差异。

图2 消息的语义内容分析

与对照组相比，使用聊天助手的参与者的对话质量更高，他们更愿意给予政治对手空间来表达和捍卫他们的观点。这些效果在对话中分歧最大的人群中最为明显。没有证据表明聊天助手改变了参与者的政策立场。

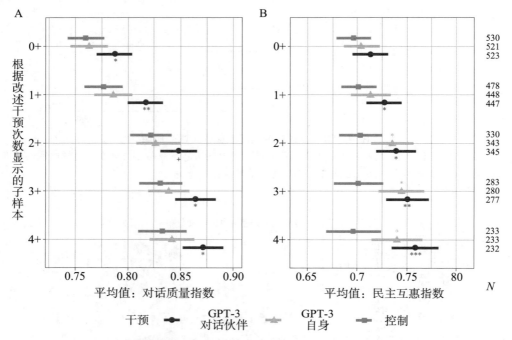

图 3　对话质量面板 A 和民主互惠性面板 B 的子组平均值和置信区间

注：较高的值表示更高质量／支持。改述干预的次数是重叠的集合，即 0+ 包括所有观察值。90% 和 95% 的置信区间基于未调整的标准误差。显著性指标来自与每个子组控制条件的 t 检验比较：$+p<0.1$，$*p<0.05$，$**p<0.01$，$***p<0.001$。

三、研究结论

结果表明，当谨慎部署时，人工智能工具可以解决在线政治对话中存在的问题。聊天助手等干预措施可以提高对话质量，并增强人们对民主互惠的承诺。这为解决民主社会中面临的冲突和危机提供了新的可能性。这项研究为人工智能在促进民主对话方面的潜力提供了证据。聊天助手等工具可以帮助人们以更尊重和理解的方式参与政治对话，从而促进社会凝聚力和民主制度的发展。

未来，我们需要探索聊天助手对不同话题和人口的影响，并研究其效果的持久性。此外，开发更复杂的聊天助手，以提供更具针对性的建议，将进一步提高其有效性。

（通讯作者丽莎·阿盖尔系杨百翰大学政治学系助理教授；

编译者王哲雨系中国传媒大学政府与公共事务学院政治学与行政学专业本科生）

作为一种交流方式，ChatGPT 靠谱吗？

——对话式人工智能的可信度和采用率研究 *

乌塔姆·查克拉伯蒂（Uttam Chakraborty）

桑托什·库马尔·比斯瓦尔（Santosh Kumar Biswal）

◇赖梅华　编译

ChatGPT 作为一种多功能人工智能工具，虽然能根据问题生成详细的回复，但既有研究并没有探究其在指导个人创业方面的作用，而本研究便将 ChatGPT 作为指导创业的会话顾问，试图让它勾勒出创办小型企业的全景发展图，从而判断其可靠性，以弥补这一研究留白。

本文的研究问题如下：

1. ChatGPT 是一种可信的交流方式吗？

2. ChatGPT 的可信度越高，采用率就越高吗？

一、理论基础：S–O–R 模型和双过程理论

S-O-R（Stimulus-Organism-Response）模型用于研究环境对态度的影响，提出特定环境因素引发认知和情感反应，从而导致行为。本研究应用 S-O-R 模型，理解 ChatGPT 技术，提高采用率和可信度。S-O-R 模型包括刺激、有机体和反应。在

---

* 原文信息：CHAKRABORTY U，BISWAL S K. Is ChatGPT a responsible communication：a study on the credibility and adoption of conversational artificial intelligence［J］. Journal of promotion management，2024，30（6）：1-30.

ChatGPT 中，"刺激"指对话特征，影响可信度评价（有机体），再影响采用（反应）。研究问题关注 ChatGPT 的可信度及可信度对采用的影响，与 S-O-R 模型相关。问题 1 探讨的是 ChatGPT 的可信度，而问题 2 则探讨了可信度对采用率的影响。要全面掌握用户采用 ChatGPT 的动态，需填补环境刺激方面的研究空白。

为了分析 ChatGPT 的采纳动机，本研究引入双过程理论，该理论提供了评估 ChatGPT 时认知过程的全面框架。双过程理论区分了中心路径和外围路径两个认知过程，并应用于 S-O-R 框架中，帮助解释用户对 ChatGPT 环境刺激的反应机制。本研究通过双过程理论，深入分析了 ChatGPT 在可信度评估中的信息处理与决策机制，确定了五个信息因素（ChatGPT 作为信息源、内容质量、回复及时性、内容相关性、受访者的先验知识）和一个规范性因素（与其他来源信息的一致性），以分析采纳动机并考察可信度。双过程理论的应用对于理解个体在采用 ChatGPT 时为什么要寻找特定信息并根据这些信息采取行动至关重要。

本研究整合 S-O-R 模型和双过程理论，探讨 ChatGPT 环境下刺激（S）、评价（O）与反应（R）间的相互作用，深入理解用户行为驱动机制及对 ChatGPT 的接受度。

可信度提高了 ChatGPT 的用途，既有研究表明如果用户相信 ChatGPT 是可信的，他们就会被说服（见图 1）。对 ChatGPT 有效性的评估同样可以用来评估其可信度。用户认为 ChatGPT 真实、合乎逻辑和可信的程度可以用来定义 ChatGPT 是否可信。

假设 1（作为信息源）：ChatGPT 提供的信息越专业，ChatGPT 越可信。

假设 2（内容质量）：ChatGPT 提供的信息越清晰易懂，测试数据的质量越高，ChatGPT 越可信。

假设 3（回复及时性）：ChatGPT 回复的速度越快，ChatGPT 越可信。

假设 4（内容相关性）：ChatGPT 生成的内容越契合用户需求，ChatGPT 越可信。

假设 5（受访者的先验知识）：ChatGPT 生成的内容与用户先验知识的一致性越高，ChatGPT 越可信。

假设 6（与其他来源信息的一致性）：ChatGPT 生成的内容与其他来源信息的一致性越高，ChatGPT 越可信。

假设 7：ChatGPT 的可信度越高，它的采用率就越高。

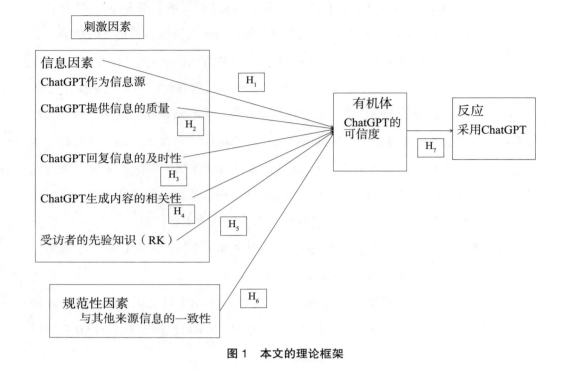

图 1　本文的理论框架

二、样本收集

研究人员用方便抽样法（convenience sampling method）在 Facebook 上收集数据，通过 Google Docs 创建问卷并分享至 Facebook 群组。筛选参与者为印度人且为 ChatGPT 用户，在"ChatGPT 创意、技巧和窍门"社区内进行样本发放和收集。共发放 1864 份问卷，收到 1129 份回复。

三、研究结果

据表 1 可知，与信息因素相比，规范因素对 ChatGPT 可信度的积极影响更为显著。这表明，当 ChatGPT 提供的信息与其他搜索来源的信息一致时，用户就会认为

ChatGPT 是可信的。与其他搜索来源的信息相似性使得 ChatGPT 作为对话式人工智能更加可靠。印度的 ChatGPT 用户会寻求其他搜索来源，从而获得确凿证据，以此验证 ChatGPT 生成的内容，最终确保 ChatGPT 中信息的可靠性。

表 1 显示，假设 2、假设 3、假设 4、假设 5、假设 6 和假设 7 均得到验证，而假设 1 并未得到验证，且所得结果表明 ChatGPT 的信息来源并不是影响 ChatGPT 可信度的决定性因素。

表 1　统计分析结果

路径	路径系数（）	t 值	假设	结果
作为信息源的 ChatGPT→ 可信度	0.044	1.340	H1	不支持的
ChatGPT 提供信息的质量 → 可信度	0.135	4.118***	H2	支持的
ChatGPT 回复信息的及时性 → 可信度	0.106	3.133**	H3	支持的
ChatGPT 生成内容的相关性 → 可信度	0.077	2.351*	H4	支持的
受访者的先验知识 → 可信度	0.096	2.781*	H5	支持的
ChatGPI 与其他来源信息的一致性 → 可信度	0.191	5.865***	H6	支持的
ChatGPT 的可信度 → 采用	0.217	6.473***	H7	支持的

注：***$p < 0.001$，**$p < 0.01$，*$p < 0.05$。

结论

本研究探讨了用户对 ChatGPT 可信度的看法及其后续采用行为的动态变化。研究发现，ChatGPT 的内容质量、回复及时性、内容相关性及受访者先验知识等因素显著影响其可信度。而 ChatGPT 作为信息来源并非关键因素。可信度对用户采用 ChatGPT 至关重要，用户若认为其可信，则可能采用。这些发现揭示了内容质量、内容相关性等在影响用户态度和决策中的重要性。本研究填补了研究空白，为全面评估 ChatGPT 的采用率和可信度提供了理论依据。通过 S-O-R 模型，本研究全面评估了 ChatGPT 采用率和可信度的复杂关系，考虑了环境因素的影响，并扩展了双过程理论。研究还提供了新的视角，解释了信息因素和规范因素如何影响用户行为，深化了我们对提升 ChatGPT 采纳率和可信度微观因素的理解。

（作者乌塔姆·查克拉伯蒂系总统大学（印度）管理学院助理教授，
桑托什·库马尔·比斯瓦尔系拉玛黛维女子大学（印度）哲学博士；
编译者赖梅华系中国传媒大学政府与公共事务学院政治学专业硕士研究生）

生成式人工智能时代的政治微定位的说服效果 *

阿尔莫格·西姆琼（Almog Simchon）等

◇孙诗雨　编译

微目标广告（microtargeted advertising）的广泛普及与生成式人工智能（AI）工具（如 ChatGPT）可及性的提升，引发了公众对大型语言模型（LLMs）可能被滥用于政治营销微定位以达到政治目的的担忧。AI 不仅能高效生成个性化政治信息，而且可通过分析读者文本快速验证其人格匹配度，实现政治信息的自动化、大规模个性化定制。近期，生成式 AI 与基于消费文本进行个性推断的技术进步，预示着一个高度可扩展的"操纵机器"的诞生——无须人工干预，该机器可以根据个人独特的弱点进行定向影响。

本文通过实证研究，验证了这种"操纵机器"的有效性，证实了与个体人格契合的政治广告会显著提升其影响力，并展示了自动化生成与验证此类广告的可行性。这些发现不仅揭示了微观定位广告的有效性，也凸显了生成式 AI 在自动化、大规模定制政治信息方面的潜力与风险。最近关于消费产品的证据表明，大语言模型生成的具有说服力的微观定位信息可以超越开放性目标，微观定位可以成功应用于政治文本的道德重构，如在提倡气候行动时诉诸公平或忠诚。这些发现凸显了利用人工智能和微定位来根据个人的性格特征制作引起个人共鸣的政治信息的潜在风险。

与其他恶意使用 ChatGPT 的方式不同，以微观定位方式重述输入内容并不违反 OpenAI 的使用政策，因此没有内置的防护措施来防止这种使用模式。从某种意义

---

*　　SIMCHON A，et al. The persuasive effects of political microtargeting in the age of generative artificial intelligence ［J］. PNAS nexus，2024，3（2）：1-5.

上说，这是能力的民主化——任何人都可以创建有针对性的内容。然而，这加剧了最有能力提供定向内容的行为者信息操纵的风险，以及利用个人的脆弱性来制造的"煤气灯效应"的隐患。公开讨论和研究此类策略对于制定有效监管政策至关重要。尽管存在滥用风险，但科学见解对公众讨论和决策的价值远超潜在威胁。同时，自动检测技术的可行性进一步支持了通过干预措施提升公众识别和应对操纵行为的必要性。设计干预措施，如利用预测模型标记可疑的人格匹配广告，可增强用户透明度和自主权。这不仅要求提高公众对微观定位的认知，还需构建一个以透明度和用户赋权为核心的民主的互联网环境，而非利润导向的互联网环境，以保障数字时代的公平与正义。

（通讯作者阿尔莫格·西姆琼系以色列内盖夫本－古里安大学助理教授；编译者孙诗雨系中国传媒大学政府与公共事务学院政治学专业硕士研究生）

学界资讯

数字化时代中国政治传播的新理论、新议题和新范式
——"第六届中国政治传播研究学术论坛"成果综述 /

陈 硕 卢惠燕

数字化时代中国政治传播的
新理论、新议题和新范式

——"第六届中国政治传播研究学术论坛"成果综述

◇陈　硕　卢惠燕

2024 年 5 月 11 日，"第六届中国政治传播研究学术论坛"在深圳大学举行。该论坛由中国传媒大学和深圳大学主办，由深圳大学政府管理学院、深圳大学传播学院、中国传媒大学政府与公共事务学院和中国传媒大学政治传播研究所联合承办，并得到多家科研机构、学术期刊与媒体的大力支持。围绕"数字化时代的政治传播"这一会议主题，来自海内外高校和科研院所的一百余位权威专家与学界新锐展开了深入的对话与研讨。

参会学者紧扣时代主题，聚焦前沿问题，讨论内容涉及众多学科领域：数字化时代中国政治传播的学科基础与发展战略，国家治理视域下中国政治传播的基础理论与基本格局，比较视野下中国国际政治传播的叙事逻辑与影响因素，媒体智能化背景下中国的网络政治参与与数字治理，以及学科交叉视角下中国政治传播的理论脉络与概念重构。在热烈的讨论与争鸣中，本次论坛较为全面地展现了新时代中国政治传播的学科特色与理论建树，取得了丰硕的成果。

一、数字化时代中国政治传播的学科基础与发展战略

当下，人类已迈入一个以互联网、巨量数据、智能算法、个性化信息定制等为

代表的数字化时代，新兴数字化技术对信息传播模式与人类政治活动提出了全新的挑战。数字时代的政治传播融合了政治科学、传播学与信息科学的最新进展，已成为一个重要的时代命题。正如深圳大学副校长李永华教授在开幕式致辞中指出的，新兴数字化技术深刻浸润人类的生存状态，融入社会各个领域，并且正在重塑人类政治社会发展和国家治理形式，研讨数字化时代的政治传播，将有利于推进中国特色政治传播学的学科体系、学术体系和话语体系的完善。对此，深圳大学政府管理学院院长、北京大学讲席教授俞可平指出，政治传播是一门新兴的交叉学科，改革开放后，中国学术界从多学科的角度对政治传播做了大量研究，希望本届论坛能够促进政治传播学的发展，丰富国内政治学界对政治沟通的研究，促进中国哲学社会科学的繁荣和政治文明的进步。中国传媒大学政府与公共事务学院院长庞亮教授表示，面对数字化时代的变化，政治传播所担负的建构人类社会和维系国家治理体系的功能愈加明显，理论界同人应携手共建新时代中国政治传播自主知识体系，推动中国政治传播学科与学术的发展，增强中国政治传播理论的影响力。中国传媒大学政治传播研究所所长荆学民教授指出，数字化时代对政治传播的意义在于，它深刻且持久地改变着现有及未来的国家与社会的关系，同步重构着政治生态，并创制出政治传播的新领域、新面貌、新形态。在这一背景下，政治传播的社会实践急切地渴望理论研究者能贡献出具有"牵导"意义和价值的学术成果。

在数字化时代，如何认识中国政治传播所处的内外部环境，并在新形势下推动政治传播学的发展，提升中国政治传播研究在国内外学术界的话语权和影响力，是本届论坛上各位专家关注的核心问题。天津师范大学佟德志教授的研究关注数字民主的主动民意收集及其限度问题。他认为，互联网、大数据、人工智能等技术一方面极大地驱动了对民意的采集，另一方面也因为理性不足等问题导致产生了偏差，民主的真正驱动力在于对数据的精准处理及政府的精准引导。重庆大学郭小安教授关注舆论理性问题，他认为，应重点挖掘理性的不同维度、理性与情感的关系及网络表达中的隐藏文本，实现理论的本土化增殖，从而更好地解释中国现象、解决中国问题。中国政法大学庞金友教授认为，新技术革命浪潮引发了政治传播的社交媒体化、视觉化、智能化、部落化与后真相化等结构性变化，这些变化在不同程度上影响着民主的运转。复旦大学包刚升教授关注讲好中国故事的国际政治逻辑，认为应从讲好中国故事、理解国际受众、理解国际关系和提高讲述技艺四个维度切入，以有效讲好中国故事。清华大学孟天广教授围绕网络评论如何塑造外交事务民意这一问题，用实验方法对网络弹幕及其效应进行了研究，发现网络评论能够影响个人偏好，在引发从众效应的同时也会带来偏差，这一结论为未来外交事务研究及政治传播研究提供了新的研究视角。

二、国家治理视域下中国政治传播的基础理论与基本格局

站在国家治理的高度探讨中国政治传播的基础理论与基本格局，开创国家治理面向的政治传播新局面，是把握新时代中国政治传播学科建设与理论发展方向的关键。

众多参会学者围绕国家治理视域下的主流媒体建设与发展问题进行了重点探讨。复旦大学朱春阳教授提出了国家治理现代化进程中的新型主流媒体建设的三大问题，认为只有通过机构媒体和行动网络各节点之间的双向奔赴，才能实现真正的媒体融合，从而不断强化主流媒体的权威性和引导力。中国社会科学院大学朱鸿军教授对"媒体融合"问题进行了深入探索，提出"全党办媒体"的理论，以满足全媒体传播体系建设的需要。北京市委党校凌昱讲师从理论层面探讨了国家治理理论之于中国新闻媒体的适用性，认为中国主流媒体具有其自身独有的品格与特征，将其放置于国家治理的框架下讨论更为恰当，同时，媒体在推进国家治理现代化中也应关注自身的现代化转型。深圳大学吕成博士从文本内在结构性的视角探究了中央党媒报道群体性事件的内在逻辑，考察了国家注意力的"重点"与"焦点"两个概念，以厘清国家注意力在不同群体性事件上的分配关系。

作为国家治理能力重要组成部分的政治传播承担着传播中国优秀制度经验的使命。本届论坛中的众多学者密切关注这一议题，就国家治理视域下中国政治传播的基本格局与相关理论进行了热烈讨论。苏州大学贾鹤鹏教授分析了政治化、民族主义、信任和家国情怀等因素如何深刻影响中国公众在健康、科学、环境和气候问题上的态度和行为，并探讨了如何构建适合中国社会特性的传播学理论体系。山西师范大学郝建国副教授从认知传播的角度提出我国舆论引导应关注人的认知行为，不仅需要了解技术、消费社会、政治发展对人们舆论认知的影响，还要从社会认知

分层结构、人的情感需求、话语策略等角度实现从舆论引导到舆论认知引导的转换。深圳大学陈科霖副教授与硕士研究生张倩从行动者网络视角探讨了民间信仰在基层矛盾纠纷化解中的作用，发现民间信仰具有建立信任感、降低冲突程度、催化各方共识的特殊作用，但民间信仰在实际操作中也存在局限性和依赖性，需进一步结合多元矛盾纠纷化解机制来优化其功能。中国传媒大学于淑婧讲师的研究就探讨了中国式现代化政治话语的四重资源及其传播调用，指出中国式现代化政治话语包含官方话语、学术话语、民间话语和外部话语四种资源，应按照"轴心吸纳－外围合力"进行资源调用，实现话语建构的主体间性，在场域融合中提高中国式现代化政治话语的传播效能。中国政法大学王鸿铭讲师基于组织学视角，提出数字时代信息形式的变化与既有治理机制的不适应性可能诱发"信息形式主义"，科层组织需构建适应数字信息形式的治理机制，以实现"信息赋能"并纠正"信息形式主义"悖论。

三、比较视野下中国国际政治传播的叙事逻辑与影响因素

随着中国在全球治理中扮演的角色越来越重要，如何讲好中国故事，传播好中国声音，展示真实、立体、全面的中国，已成为加强我国国际传播能力建设的重要任务。在"百年未有之大变局"的时代背景下，探寻中国国际政治传播的叙事逻辑与影响因素，是本次论坛的重要议题。

参会学者立足于比较视野，前瞻性地探讨了中国国际政治传播的历史逻辑、战略叙事与影响机制等问题。新华社原副社长严文斌围绕西方涉华叙事与认知操纵展开讨论，认为认知操纵是西方国家国际传播的重要方法，也是美国政府持之以恒推进的战略事务和任务；为应对西方的认知操纵，我们应从三个方面着手：一是界定叙事性质、追溯事实来源、解构西方叙事、改变他者叙事，二是强化与叙事相关的文化和价值观传播，三是改变对技术、方法和工具的依赖。天津大学陆小华教授指出，在大国外交的新阶段，国际传播不仅是国家间的对话，还是文明层面的交流，因此国际传播要完成所肩负的建设中华民族现代文明的文化使命，就必须在深刻理解中华文明的基础上讲好人类文明进步的故事。大连外国语大学唐润华教授认为，

国际政治传播就是政治传播与国际传播的结合，目前国际政治传播的运行基础已经发生改变，因此国际政治传播从理念、体系、战略、策略等方面必须进行全方位的调整，才能够适应新的形势和趋势。

围绕"如何讲好中国故事、提升中国话语国际影响力"这一关键问题，众多学者从不同角度展开了研究。中国传媒大学赵雪波教授分析了讲好中国故事的世界历史观逻辑，认为中国历史是世界历史的重要组成部分、主要代表与"信史"，因此中国应以其深厚的文化底蕴展示中国历史的世界价值，借此讲好人类命运共同体故事，以促进更深层次的文化交流和国际理解。广东外语外贸大学何国平教授关注"一带一路"国际合作高峰论坛的战略叙事问题，认为高峰论坛战略叙事建构了以国际规范为遵循、以团结合作为国际观念结构核心观念、以国家故事为主体、以行动方案为议题叙事重心的叙事维度。西南交通大学王菁教授系统分析了内容体系、数字表达、数字技术对全过程人民民主数字化国际传播效果的影响机制，提出从数字文明、全过程人民民主共通价值、数字外交、数智技术四个维度对全过程人民民主数字化国际传播进行战略布局。中国传媒大学张晴讲师分析了中华元典"和"文化的价值取向、实践方式、动力机制和实现路径，并对其国际影响力进行了讨论。

国家形象建设与塑造是中国国际传播领域的关键议题，也是当前国际传播能力建设的重要任务。华中师范大学周莉教授认为，社交媒体中国家形象的视频化传播已经成为提升国家形象、增强国际话语权的重要途径，借助内容分析、文本分析和情感分析，她进一步发现涉华视频的主题层次、情感倾向及视频化表达特征显著影响评论语气与情感基调，且情感空间内部存在着某种失调。武汉大学关天如副教授从叙事视角与叙事者角度对公共外交的不同叙事策略进行了分析，提出了"双面叙事"和"内群体讲述者"这两种叙事策略，认为这两种策略能够显著提升感知可信度与对华态度。浙江大学邵立研究员致力于从理论层面进行创新，他认为国家形象的多维属性对整体国家形象的塑造作用具有不均衡性，进而提出国家形象构建的"支配性机制"理论。

四、媒体智能化背景下中国的网络政治参与与数字治理

在媒体智能化背景下，政治传播模式发生了翻天覆地的变化，为网络政治参与

和数字治理带来新的挑战。本届论坛中的众多学者密切跟踪了这一前沿问题，重点对政治沟通范式转向、网络舆论操纵、网络圈层化及由此引发的政治安全等问题进行了讨论。

数字化浪潮推动了传播模式和沟通方式的变化，进而引发了政治参与和治理方式的变革。中国传媒大学王红宇教授从政治沟通的理论框架和当代变迁的角度，分析了数字化推进政治沟通现代化转型的路径模式和沟通机制，阐释了数智赋能政治沟通和国家治理现代化的中国方案和中国模式。清华大学胡悦副教授等人讨论了微博上的官方媒体、意见领袖和长期观察者这三个关键角色在台湾相关话题讨论中的作用，为数字平台在塑造公众舆论和建构政治话语方面的作用提供了实证依据。天津师范大学魏巍副教授等人聚焦政务短视频传播价值与公共价值融合叠加问题，提出政务短视频弹幕能够有效链接传播价值和公共价值，并将"数字众创空间"从私人价值视角引入政治传播领域。深圳大学陈家喜教授与博士研究生焦嘉欣对数字时代衍生的新型政党形态——数字党，进行了讨论，发现数字党通过构建新的"拟态政治环境"对传统政党带来了巨大挑战，现代政党在数字时代要不断提升自我变革能力，强化政党治理，同时警惕"技术反噬"。

媒体智能化提升了政治信息传播的效率，也引发了舆论操纵、网络圈层化等问题，对国家治理和国家安全带来了新的挑战。对此，西北政法大学张爱军教授认为，目前抖音短视频的日益普及在给用户沟通带来便利的同时，也带来了网络政治舆论净化受限、监督缺位、极化升腾和公信力下降等问题，为维护抖音平台的良性政治舆论生态，必须从实现自我净化与强制净化的平衡、以法治代替管制、以信息流动取代敏感词技术定位、公共权力应以有所为有所不为等方面进行优化。中国矿业大学张彦华副教授关注元宇宙对政治传播及政治安全的影响，他认为元宇宙可能形成政治安全风险的诱因系统，建议将敏捷治理工具纳入治理体系之中，通过"善治"与"善智"的双向促进来驱动元宇宙图景与政治安全系统的和谐共生。中国人民公安大学韩娜副教授则从国家视角出发，提出数字时代认知域安全风险，并梳理出国内外势力进行认知域操控常用的"观察—导向—决策—行动"循环模型，认为应该从顶层战略层面和务实策略层面双管齐下，降低认知域操纵带来的安全风险。

五、学科交叉视角下中国政治传播的理论脉络与概念重构

当今全球化与信息技术飞速发展的背景下，中国政治传播的理论发展呈现出多元化的趋势。在理论发展方面，众多参会学者的研究不再局限于传播学的单一框架，而是积极借鉴国际政治、国际关系、政治心理学等多学科的理论和方法，形成了更为丰富和立体的研究体系。这些跨学科的理论视角，为中国国际政治传播研究提供了更为广阔的视野和深入分析工具。深圳大学马得勇教授讨论了政治传播的心理学研究路径，着重分析认知模式、人格特质、意识形态倾向、信息接触等对政治行为、态度、舆论观点的交互影响，并在本届论坛上发布了"网民社会意识调查数据库"。浙江大学苏振华教授讨论了民众的建设性参与问题，认为随着现代化持续进行，社会整合程度不断提高，社会矛盾逐渐缓解，同时现代公民意识逐渐形成，民众公共理性的不断增强，推动了理性公共领域的形成。中国政法大学王天铮教授与博士研究生张亚男关注政治传播中的饭圈群体，提出饭圈群体的公共参与行为不再是简单的基于利益驱动和情感需求，而是群体间数据竞争引发的公共参与动机异化表现，这一研究发现为理解当下网络公共舆论景观提供了新的研究思路。

参会学者还以交叉学科视角对中国政治传播的相关概念进行了探讨。深圳大学唐娟教授与硕士研究生司倩倩考察了政治知识概念与研究现状，发现目前国内对政治知识的研究多是和其他政治学核心概念结合在一起，单独研究较少，且政治知识研究的继承性和应用价值不足，未来应借鉴国外研究精华，并创造性用于我国的政治知识研究。暨南大学马立明副教授引入了概念地理学的视野，认为概念的全球旅行过程就是国际传播的实现过程，而中国的概念要全球表达，就必须进行重构，实现学术概念的"自力更生"，并扬帆出海走向世界。中国政法大学赵洁讲师对政治传播的价值属性与工具属性进行了观察，认为这两种属性会在不同程度上被激发，进而衍生出民主效能、治理效能和交往效能，而要缓解这三种效能之间的张力，就必须实现政治传播价值属性与工具属性的有机统一。

综上来看，"第六届中国政治传播研究学术论坛"延续并发扬往届论坛的精神，立足中国历史和现实，围绕中国政治传播等与数字治理领域的学术前沿问题推动学

科间的交叉碰撞，运用先进的科学方法展开全球视野的学术对话，引领中国政治传播研究不断向纵深发展。论坛的顺利召开也回应了中国政治传播研究面临的艰巨任务和承担的沉重的学术使命。展望未来，中国政治传播研究仍需持续发力，不断促进中国政治传播理论与实践之间的良性互动，推动中国政治传播研究与国家发展之间的同频共振。在深入探索政治传播理论、机制与规律的同时，以更加科学、高效的方式传播中国政治理念，通过讲好中国故事增强政治沟通效力和社会认同感，提升理论成果的国际话语权和影响力，彰显中国式现代化的世界意义。

（作者陈硕系深圳大学政府管理学院助理教授、深圳大学全球特大型城市治理研究院特邀研究员；卢惠燕系深圳大学政府管理学院硕士研究生）

《中国政治传播研究》征稿函

　　《中国政治传播研究》是国内以政治传播研究为特色的专业学术集刊，由中国传媒大学政府与公共事务学院、中国传媒大学政治传播研究所主办。本刊致力于为中国政治传播研究者提供公开、专业的学术交流与争鸣园地，推进政治学、新闻传播学等多学科的交流融合，推动中国特色、中国风格、中国气派政治传播研究领域的形成和发展。本刊为半年刊，分别在每年的上半年和下半年出版。诚请各位专家学者赐稿。对于高水平稿件，本刊将支付优厚稿酬。

一、辑刊栏目

　　为了突出引领性和创新性，《中国政治传播研究》将重点关注以下内容，并开设相应的专栏。

　　第一，主题专论。根据时事热点、争议话题、经典问题等设置专题讨论。

　　第二，中国政治传播知识体系建构。关注中国本土政治传播概念、理论、思想的创造和政治传播新议题的原创性发现，强调新知识对原有知识延续中的创新、对话中的超越。

　　第三，政治传播基础理论研究。关注政治传播研究领域中重要概念和重要理论学说，强调对概念和理论的梳理、分析、创新和反思。

　　第四，网络政治传播研究。基于新媒体技术应用下政治传播的新问题和新现象，强调思想深刻、理论深厚、方法规范。

　　第五，历史向度的政治传播。基于史料的古代政治传播研究，包括中外传统政治传播的经验和理念，强调话题的重要性，以及结论的当代价值。

　　第六，全球视野中的政治传播。国外其他国家和地区的政治传播重要议题和重要现象，如区域国别政治传播研究、比较政治传播研究等。

第七，政治传播研究前沿动态。当下国内外学术界政治传播研究的前沿和热点，强调问题的重要性、前瞻性和引领性。

第八，国际政治传播研究。关注国际传播、对外传播、全球传播、跨文化传播、文明传播等国际政治传播的重要话题，强调思想性和理论性。

第九，青年锐见。为发展政治传播研究的后备力量设置该专栏，刊发博士生和硕士生的优秀政治传播研究成果。

第十，学界资讯。关注国内外召开的有关政治传播的学术会议成果综述。

除了以上内容，凡是涉及政治传播的高水平学术论文，本集刊一概欢迎。每集刊板块将灵活设置，稿件形式不限于学术论文，本集刊欢迎关于中国政治传播研究的相关访谈、译作、书评等，也欢迎圆桌对谈、组稿等形式的学术讨论成果。

二、投稿说明

1. 稿件需为原创学术成果，符合学术规范，且未在其他刊物上发表。字数以 1.5—2.5 万字为宜，特别重要的稿件可以不受字数限制。

2. 赐稿请发至 policom@163.com，邮件主题格式为"集刊投稿 – 工作单位 + 姓名 + 论文名"，如"集刊投稿 – 中国传媒大学 + 荆学民 + 新时代中国的政治传播"。同时，为方便联系，作者在投稿时，请在邮箱正文处注明作者姓名、职称或职务、通信地址、邮政编码、手机号码、电子邮箱等。

3. 本集刊常年征稿。对于投稿稿件，本编辑部会在 15 个工作日内反馈初审意见。通过编辑部初审的稿件，我们将送相关专家进行匿名评审，审稿周期为 2 个月。请勿一稿多投。

三、格式体例

1. 全文采用 Microsoft Office 软件编排；页边距上、下、左、右分别为 2.54 厘米、2.54 厘米、3.18 厘米、3.18 厘米（WORD 文档常规页边距）。

2. 中文标题：标题靠右，采用三号黑体加粗编排；如有副标题，另起一行，并在前面加上破折号，其他要求同主标题。

3. 作者：作者姓名靠右列于标题下，多位作者之间以空格分隔，采用小四号楷体编排；作者职称以括号形式列于文末靠右，采用小五号仿宋体编排。

4. 摘要和关键词：采用小四号楷体、单倍行距编排；"摘要"、"关键词"及冒号左起缩进两个字符加粗；"摘要"两个字之间空一个字符，关键词间用分号连接。

5. 正文：正文内容采用五号宋体、单倍行距编排；正文引用内容（访谈资料等）采用五号楷体、单倍行距编排。

6. 正文内各级标题：一级标题为"一、二、三……"，二级标题为"（一）（二）（三）……"，三级标题为"1. 2. 3.……"，四级标题为"（1）（2）（3）……"。一、二、三、四级标题各独占一行，其中一级标题居中，采用四号宋体加粗编排；二、三级标题左起缩进两个字符，采用五号宋体加粗编排；四级标题左起缩进两个字符，采用五号宋体编排。

7. 注释体例：所有引用及参考文献均以脚注形式列于正文下方，中文采用小五号宋体编排，英文、数字及所有标点均采用小五号 Times New Roman 编排。

8. 图表：统计表、统计图或其他示意图等，均用阿拉伯数字连续编号，并采用五号黑体加粗编排注明图、表名称；表号及表名、图号及图名须标注于表或图的下方，末尾不加标点符号。例："表1　……""图2　……"等。

《中国政治传播研究》编辑部

2024 年 9 月 10 日